쓰지 않으면
아이디어는
사라진다

최상의 아이디어를 끌어내는 메모 발상법

쓰지 않으면 아이디어는 사라진다

다카다 히카루 지음 | 이주희 옮김

포텐업

■ **일러두기**
본문에 등장하는 도서 중 국내 미출간인 경우 괄호 안에 원서명을 기입하였습니다.

"아이디어는 무심코 적어놓은

메모 한 줄에서 나온다."

3단계 아이디어 발상법

STEP 1

메모로 아이디어 조각을 수집한다

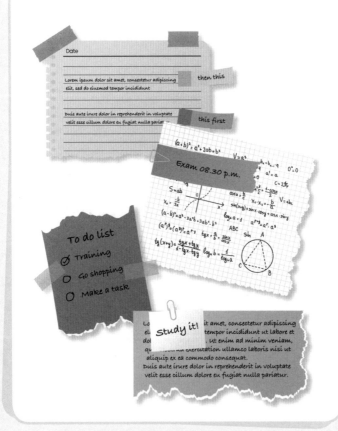

STEP 2

수집해둔
아이디어 조각을
발효시킨다

STEP 3

아이디어 조각을
노트에 옮겨 적으면서
생각한다

· 차례 ·

|2장| **옮겨 적을 때 새로운 아이디어가 탄생한다**
생각이 깊어지는 방법은 의외로 간단하다

|3장| **상위 1%의 독서법**
책을 내 몸으로 체화하는 방법

|4장| **나의 가치관이 분명하면 흔들리지 않는다**
쓰는 습관으로 내 인생을 설계하는 법

|5장| 스트레스가 없는 곳에 성장은 없다
행동을 이끌어내는 목표 설정법

생각하는 힘은
메모에서 나온다

메모 루틴만으로 삶을 바꾼 사람들

이 책을 손에 든 당신은 평소 메모할 기회가 얼마나 있나요?

컴퓨터나 스마트폰 등 디지털 기기를 활용하는 것이 당연한 지금, 종이 위에 무언가를 기록할 기회가 현저히 줄어들었다는 사람이 적지 않을 겁니다. 일반적으로 메모라고 하면 무언가를 잊어버리지 않기 위해 기록으로 남기는 행위를 떠올립니다. 메모가 '나를 움직이게 한다', '나를 변화시키는 데 효과가 있다'고 생각하는 사람은 그리 많지 않을지도 모릅니다.

하지만 의도적으로 메모하는 습관을 들이면 놀라울 정도

로 변하는 자신을 모습을 발견하게 될 겁니다.

저는 직업상 기업 대상의 컨설팅과 일반인 대상의 코칭, 강의, 세미나를 주로 하기 때문에 정말 많은 사람들을 만납니다. 그러다 보니 메모하는 습관을 통해 자신을 변화시킨 사람들을 가까이에서 여러 번 목격했습니다. 그들의 변화를 지켜보는 과정에서 저는 메모 루틴만으로도 사람이 크게 바뀔 수 있다는 것을 확신하게 되었습니다. 그렇다면 메모 루틴이라는 건 뭘까요? 그냥 그때그때 메모만 하면 되는 걸까요? 어떤 방식으로 메모 루틴을 실천해야 삶이 바뀔 수 있을까요? 이 질문에 답하기 위해 저는 이 책을 썼습니다.

메모로 생각하는 힘을 키운다

최근에는 인공지능을 비롯한 IT 기술의 발달로 사람이 하는 대부분의 노동이 기계로 대체될 거라는 예측이 쏟아지고 있습니다. 그렇다면 기계가 아닌 인간만이 할 수 있는 일을 한번 생각해봅시다. 뭐가 있을까요?

그 대표적인 일이 바로 생각하는 일 혹은 창조적인 아이디어를 떠올리는 일입니다.

자신이 알고 있는 지식을 세상에 퍼져 있는 정보와 연관 지어 지금 어떤 일이 일어나고 있는지, 앞으로 어떤 일이 일어날지 고민하는 일이죠. 또는 스스로 문제를 발견하고 해결법을 고안하여 새로운 가치를 창출해내는 거라고도 말할 수 있습니다.

AI가 우리의 일자리를 위협하는 시대에는 바로 이런 생각하는 힘을 갖고 있는 사람만이 살아남을 수 있습니다. 그런데 메모 루틴은 바로 이 생각하는 힘을 키워준다는 장점이 있습니다.

메모로 인생을 디자인하다

메모 루틴은 사고력을 키워줄 뿐 아니라 '인생을 디자인하는 것'으로까지 확장됩니다. 우리를 둘러싼 환경은 점점 더 복잡해지고 사람들의 가치관과 행동양식의 변화 속도는 점점 더 빨라지고 있습니다. 진학, 취업, 결혼, 출산과 같은 인생의 가장 큰 이벤트에 대한 가치관도 이제는 정말 다양한 형태로 변화하고 있습니다.

연공서열, 종신고용은 이제 옛말이 되고 이직, 창업, 부업(겸업)이 일상화되었습니다. 업무 방식도 원격근무, 재택근무, 병행근무 등등 다양한 방식으로 바뀌고 있습니다.

예전에는 모두가 비슷한 형태로 살았다면 이제는 모두 각자 자신에게 맞는 형태의 삶을 선택하고 만들어나가야 하는 상황이 된 겁니다. 그래서 앞으로는 더더욱 '내 인생을 어떻게 살 것인가'를 고민하는, 즉 '삶을 디자인하는 힘'이 필요합니다.

이런 시대에 정말 필요한 것이 바로 이 책에서 말하는 메모하는 습관입니다.

자신의 가치관을 정립하고, 스스로 원하는 삶을 살기 위해서는 우선 스스로에 대해 제대로 알아야 하는데, 그러기 위해서는 쓰는 행위가 정말 중요합니다. 쓰는 과정에서 자기 자신과 깊은 대화를 나눌 수 있기 때문이죠.

이 때문에 저는 이 책에서 업무 효율을 높이기 위한 메모 훈련이 아닌 '나를 움직이고 변화시키는' 메모법에 대해 집중했습니다. 당신이 이 책을 다 읽었을 때, 당장 메모지에 뭔가 쓰고 싶다는 생각을 하게 되길 고대합니다.

다카다 히카루

쓰는 습관이
당신의 미래를
바꾼다

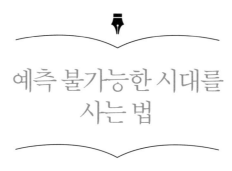

예측 불가능한 시대를
사는 법

현대는 그 어느 때보다 미래가 불투명한 시대입니다.

정답이 없는 환경 속에서 모두가 탐색을 하며 살아가는 시대라 할 수 있죠.

답이 없는 상황에서 의지할 수 있는 것은 뭘까요? 바로 당신의 머릿속 가설과 생각입니다.

지금처럼 '생각하는 힘'이 절실한 시대도 없을 겁니다. 생각하는 힘은 생각하는 것을 말로 표현해야 길러집니다. 즉 일상적으로 메모를 하고, 생각을 말로 표현하는 습관이야말로 생각하는 힘을 길러준다는 말이죠. 이것을 설명하기 위해 앞으로 우리를 둘러싼 환경의 변화에 대해 세 가지 키워드로 나누어 설명하겠습니다.

① 인구의 급감

앞으로 일본은 엄청난 속도로 인구가 감소할 것입니다. 이는 일본뿐 아니라 여러 선진국들이 공통적으로 겪고 있는 현상이기도 합니다. 40년 후에는 약 4000만 명이 사라질 것이라고 예측됩니다. 즉, 계산상으로는 매년 100만 명씩 인구가 줄어드는 셈입니다. 쉽게 말해 인구 100만 도시인 센다이시나 지바시가 매년 한 곳씩 사라진다고 보면 됩니다.

② 장수화와 초고령화

'인생 100세 시대'라는 말이 있듯이, 현대를 살아가는 우리는 100년 가까이, 어쩌면 그 이상의 세월을 살게 될지도 모릅니다.

『100세 인생』(린다 그래튼 · 앤드루 J. 스콧 저, 안세민 역, 클, 2020)이라는 책에서는 2007년생 일본인의 약 절반이 107세까지 살 거라는 예측이 등장합니다. 미국 인구학자의 이러한 예측이 나오자 사회 곳곳에서 큰 파문이 일었던 것을 저는 아직도 생생히 기억합니다. 이렇게 사람들이 장수한다는 것은

'초고령화 사회'로 진입했다는 뜻과 같습니다. 구체적인 예를 들면 다음과 같습니다.

> 2020년, 여성의 절반이 50세 이상(이미 현실화).
>
> 2024년, 전 국민 3명 중 1명이 65세 이상.
>
> 2026년, 노인 5명 중 1명이 치매 환자.
>
> 2030년, 베이비붐 세대의 고령화로 도쿄 교외에도 유령 마을이 확산된다.
>
> ※참고 문헌 『미래 연표』(가와이 마사시 저, 최미숙 역, 한국경제신문, 2018, 현재 절판)

이것이 앞으로 5~10년 후 일본의 과제입니다. 인구감소 대책종합연구소의 가와이 마사시 씨는 "인구의 미래는 예측이 아니라 현실이다"라고 말합니다. 최근 1년 동안 태어난 아이의 수를 계산하면 통계를 통해 20년 후의 20세, 30년 후의 30세 인구를 거의 확실하게 추산할 수 있기 때문입니다.

즉, 앞서 예로 든 일본의 미래상은 예측이 아니라 거의 확실한 미래의 현상이라는 거죠.

③ AI의 침투

가까운 미래에 많은 직업이 AI나 로봇으로 대체될 거라는 전

망이 나오고 있습니다. 요즘 자주 보이는 셀프 계산대로 알 수 있듯이, 사고나 판단을 요하는 일 이외에는 더 이상 인력이 필요 없어진다는 말이겠죠.

이 세 가지 키워드에서 알 수 있듯이 인류는 앞으로 한 번도 경험해보지 못한 미지의 세계를 살아가게 될 겁니다. 이 말은 무슨 뜻일까요? 바꿔 말하면 지금까지 우리가 알고 있는 정답이나 롤 모델이 존재하지 않는다는 뜻입니다.

좋은 대학을 나와 좋은 회사에 취직만 하면 미래가 보장된다는 식의 사고방식은 물론이고, 지금 다니고 있는 회사에서 정년퇴직하고 노후에는 조용히 연금 생활을 하겠다는 식의 인생 모델도 더 이상 기댈 수 없게 되었습니다.

인구 노령화에 따른 노후 자금 부족으로 이제 80세까지 현역으로 일해야 한다는 말까지 나오고 있습니다. 이런 상황에서 앞으로 어떤 마음가짐으로 살아가야 할까요?

그 해답은 바로 '생각하는 힘'에 있습니다.

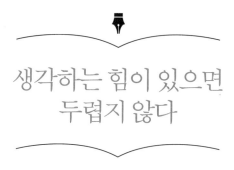

생각하는 힘이 있으면
두렵지 않다

2006년에 일본 경제산업성이 제시한 '사회인 기초력'에는 '생각하는 힘'이 포함되어 있습니다.

이 사회인 기초력이란 원래 4차 산업혁명에 따라 발표된 '직장이나 지역 사회에서 다양한 사람들과 함께 일하기 위해 필요한 기초적인 능력'을 가리키는데, 최근 그 중요성이 더욱 커지고 있습니다.

2018년에는 개인과 기업, 조직, 사회와의 관계가 그 어느 때보다 길어지고 있는 가운데, 인생의 각 단계에서 계속 활약하기 위해 요구되는 힘을 '인생 100세 시대의 사회인 기초력'

'생각하는 힘'의
3가지 구성 요소

① 문제 발견력

현상을 분석하고
목적이나 문제를
발견하는 힘

② 창조력

새로운 가치를
만들어내는 힘

③ 계획력

문제 해결을 위한
과정을 밝히고,
준비하는 힘

【출처】경제산업성(https://www.meti.go.jp/policy/kisoryoku/index.html)

으로 새롭게 정의했습니다.

이 중의 한 가지인 '생각하는 힘'은 세 가지 요소로 구성되어 있으며, 앞으로 일과 사생활 모두 풍요롭게 하려면 반드시 필요한 스킬입니다(위 그림).

그런데 우리는 이미 일상생활에서 눈에 띄는 불편함이나 불만을 느끼는 일이 줄어들고 있습니다. 회사 일을 하면서도 스스로 문제를 찾아내는 일이 점점 줄어들고 있는 것이 현실입니다.

이를 거꾸로 뒤집어보면 개인이든 회사든, 자신의 가치를 창출하기 위해서는 '새로운 문제를 발견하는 힘'과 '그 문제를 해결하기 위해 아이디어를 고안하는 힘'이 필수라는 말입니다.

새로운 문제를 발견하고, 그것을 해결하기 위해 방법을 찾고, 시행착오를 반복하면서 결과를 도출해내는 것. 앞으로는 이런 과정을 밟을 수 있는 인재가 더욱더 주목받을 것입니다.

쓰는 습관으로
지적 생산력을 높인다

그렇다면 시대가 요구하는 '생각하는 힘'을 키우려면 어떻게
해야 할까요?

이때 활용할 수 있는 것이 바로 메모와 노트 활용을 통한
쓰는 습관입니다. 메모나 노트를 인풋한 내용을 잊지 않기
위한 기록으로만 활용하는 사람이 많은데, 그것만으로는 부
족합니다. 사실 메모와 노트는 앞으로의 시대를 살아가기 위
한 필수 스킬인 '생각하는 힘'을 이끌어내는 강력한 무기이
기 때문입니다. 여기서 말하는 쓰는 습관이란 다음 두 가지입
니다.

① 일상 속에서 깨달은 것을 메모하는 습관.

② 쓰면서 생각하는 습관.

예를 들어, 친구와의 일상적인 대화 속에서 깨달은 것을 메모로 남기고,

↓

나중에 그 메모를 노트에 옮겨 적으며 '어떻게 활용할 수 있을까?'를 생각하여,

↓

거기서 얻은 아이디어를 실제 행동으로 옮기는 것.

이렇게 쓰는 습관이 생기면 무심코 지나치던 일상 속에서 자신의 안테나에 꽂힌 정보를 재빨리 캐치하고, 거기에 생각과 영감을 더해 자신만의 아이디어나 의견, 기획으로 승화시키는 힘을 기를 수 있습니다.

이렇게 창의적인 아웃풋을 만들어내는 힘을 '지적 생산력'이라고 합니다.

이 지적 생산력이야말로 AI 시대에 활약할 수 있는 인재가 될 수 있는지 없는지를 가르는 기준이며 앞으로 가장 중요한 능력으로 대두될 것입니다.

①
깨달은 것을 메모했을 때
어떤 능력이 생길까?

- 나에게 필요한 정보를 취사선택하는 능력
- 무심코 지나쳤던 일상에서도 영감을 얻는 능력

②
'노트에 쓰면서 생각하기'를 반복하면
어떤 능력이 생길까?

- 인풋한 정보를 아웃풋하는 능력
- 창의력, 기획력, 발상력이 좋아진다
- 관찰력과 사고력이 좋아져서 자신의 의견을 말할 수
  있게 된다

**즉, 메모하는 습관이 일상화되면
지적 생산력이 좋아진다!**

노트에 꿈을 쓰기만 해도
행동력이 높아지는 이유

쓰는 습관은 사고력 향상뿐만 아니라 우리의 꿈도 현실로 만들어줍니다. 한 번뿐인 인생인데 '수입을 늘리고 싶다', '더 넓은 집에 살고 싶다', '행복한 가정을 꾸리고 싶다'와 같은 막연한 이상과 소망을 누구나 갖고 있습니다. 그러나 이것들을 단순한 꿈으로 끝내지 않고 현실로 만들기 위해서는 머릿속으로 상상만 해서는 안 됩니다. 구체적으로 눈에 보이는 형태로 가시화하여 실현을 위한 일상적인 행동으로 연결시켜야 합니다.

이때 도움이 되는 것이 바로 쓰는 습관입니다. 쓰는 습관의 효과는 크게 세 가지입니다. 첫째, 자신이 꿈꾸는 이상적인 미래상(=꿈)을 수첩이나 노트에 적어봄으로써 자신이 무엇을 목표로 하고 있는지가 명확해집니다. 이 마음을 명확하게 알게 되면 그것을 더욱 강하게 키울 수 있습니다. 즉 막연했던 생각이 노트에 쓰면서 명확해지는 것. 그것이 첫 번째 효과입니다.

두 번째 효과는 행동력이 높아진다는 것입니다.

막상 꿈을 노트에 기록하면 그것을 현실로 만들기 위해 계획을 세우는 단계로 이어집니다. 머릿속으로 막연하게 생각만 했던 꿈도 막상 노트에 쓰게 되면 본능적으로 실천을 위해 뭐라도 하게 되기 때문이죠.

이렇듯 쓰는 습관은 행동으로 연결하는 힘이 있습니다. 물론 그 계획에 따라 매일 노력해도 모든 것이 계획대로 이루어지는 건 아닙니다. 그러므로 지속적으로 행동을 이어 나가기 위해서는 주기적으로 자신의 행동을 돌아보는 시간을 가져야 합니다. 그래서 처음 세웠던 계획을 여러 번 수정하고 보완하면서 꾸준히 꿈에 가까워질 수 있도록 궤도를 수정하는 이른바 'PDCA(Plan-Do-Check-Action)'가 필요합니다. 이 PDCA를 지속적으로 실행할 수 있게 하는 것이 쓰는 습관의 세 번째 효과입니다.

쓰는 습관의 효과 3가지

① 내 꿈이 뭔지 명확히 알게 된다

막연히 생각만 했던 삶의 목표가 구체적으로 정립된다

② 행동력이 높아진다

막상 노트에 쓰게 되면 본능적으로 행동과 연결된다

③ 지속적으로 PDCA를 실행할 수 있다

처음 만든 계획을 여러 번 가필·수정하면서
꾸준히 추구하는 계기가 된다

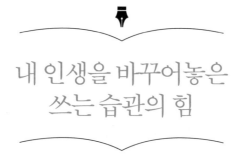

내 인생을 바꾸어놓은
쓰는 습관의 힘

쓰는 습관은 저에게도 큰 영향을 미쳤습니다. 저 역시 아직 꿈을 향해 가고 있는 과정이지만, 지금까지 달려올 수 있었던 것조차 쓰는 습관의 힘이 컸다고 말하지 않을 수 없습니다.

저는 현재 회사 두 곳의 대표를 맡고 있으며, 웹 컨설팅 및 창업과 부업을 지원하고 온라인 커뮤니티 운영, 세미나 강사와 대학 강사로 일하고 있습니다.

자화자찬이긴 하지만, 원하는 시간에 원하는 장소에서 원하는 사람과 하고 싶은 일을 하고 있는 지금의 모습은 제게는 꽤나 이상에 가까운 상태입니다. 물론 처음부터 순탄했던 것은 아닙니다. 10대 시절에는 품행이 나쁘고 공부도 제대로 하지 않아 고등학교 성적은 항상 최하위였습니다. 자랑할 일은 아니지만 시험을 보면 늘 꼴찌였습니다(웃음).

제 생각이 크게 바뀐 것은 스무 살 때 서점에서 우연히 보게 된 『꿈을 이루어주는 한 권의 수첩』(구마가이 마사토시 저, 신현호 역, 북폴리오, 2004)이라는 책을 읽은 후부터입니다.

이 책에는 꿈을 실현하기 위한 수첩 활용법이 저자의 실제 경험과 함께 소개되어 있었는데, 당시의 저에게는 정말 큰 충격이었습니다.

저는 책을 읽은 후 곧장 시스템 다이어리를 구입했습니다. 바로 이때부터 저의 쓰는 습관이 시작되었습니다. 그 이후 약 20년 동안 쓰는 습관을 실천하며 살았습니다. 앞에서 소개한 것처럼 끊임없이 PDCA를 실행하고 우여곡절을 겪으며 현재까지 올 수 있었습니다.

지금은 스트레스가 없는 일을 선택할 수 있고, 취미인 서핑에도 열중할 수 있습니다. 유소년 축구 코치를 맡아 많은 아이들의 성장을 가까이에서 보고 자극을 받으며 다섯 식구가 화목하게 살고 있습니다. 처음으로 저 자신의 이상적인 미래상을 수첩에 적었던 스무 살의 제 모습을 생각하면, 조금 과장이긴 하지만 꿈같은 삶이라고 생각합니다.

주변 사람들로부터 "하고 싶은 일은 다 하니 매일이 즐겁겠다", "나도 그렇게 살고 싶다"는 말을 자주 듣는데, '나다운 라이프스타일을 즐기는 것'을 모토로 삼고 있는 저에게 이보다 더 좋은 칭찬은 없습니다. 이 모든 것은 쓰는 습관 덕분입니다. 이것이 없었다면 꾸준히 이 모토를 실천하기는 쉽지 않았을 것입니다.

제가 갖고 있는 세 가지 무기는 다음과 같습니다.

① 메모를 남기기 위한 메모 수첩

② 메모를 바탕으로 생각을 정리하고 아이디어를 내기 위한 노트

③ 하루 목표와 계획을 적는 수첩

이 세 가지 무기를 활용해 성과를 내는 사람은 저뿐만이 아닙니다.

제가 운영하는 'My 수첩 클럽'이라는 회원제 학습 커뮤니티에서는 이 책에서 소개한 쓰는 습관을 포함하여 그동안 제가 쌓아온 경험과 노하우를 공유하고 있는데, 이를 실천한 회원들의 성과 보고가 끊이지 않습니다.

전업주부로 지내다 창업을 실현. 게다가 책까지 출간했다.

자신이 경영하는 회사의 실적이 향상. 동종업계에서 교육도 맡게 되었다.

우울증을 극복하고 사회 복귀에 성공했다.

연봉이 두 배로 늘어났다.

외부 단체로부터 강연 의뢰를 받아 세미나 강사로 데뷔했다.

이혼 직전의 상태였는데 부부 사이가 원만해졌다.

평사원이었는데 간부로 발탁되어 부하 직원 600명을 이끌게 되었다.

다이어트로 체중이 15kg 줄었다.

여기에 열거한 사례는 극히 일부에 불과하지만, 모든 사례의 공통점은 그 성과의 대부분이 쓰는 습관에서 출발했다는 점입니다. 메모와 노트를 이용한 쓰는 습관 하나만으로도 자신을 움직이고 변화시킬 수 있습니다. 이 책을 통해 독자 여러분도 그 변화를 느껴보시길 바랍니다.

대가들의 성공 뒤에는 쓰는 습관이 있었다

정치와 예술, 스포츠 등 다양한 분야에서 활약한 위인들, 혹은 지금도 왕성하게 활동하고 있는 사람들을 잘 살펴보면 그 성공의 배경에는 쓰는 습관이 바탕이 된 경우가 많습니다. 이 사람들의 메모와 노트 활용법에 대해 자세히 알아보면 쓰는 습관으로 어떻게 삶을 바꿀 수 있는지 영감을 얻을 수 있습니다.

그렇다면 우선 메모광이라 불린 사람들의 쓰는 습관에 대해 살펴봅시다.

◉ 레오나르도 다 빈치

역사 속 위인 중 유명한 메모광을 꼽으라면 가장 먼저 떠오르는 사람이 바로 레오나르도 다 빈치입니다. 『레오나르도 다 빈치의 수첩』(레오나르도 다 빈치 저, 안중식 역, 지식여행, 2005)에 따르면 다 빈치는 항상 주머니에 수첩을 넣고 다니면서 무엇이든 적었다고 합니다. 제자가 장을 보러 갔다 돌아오면 물건의 가격을 일일이 물어보고 적는 등, 언뜻 보기에는 아무런 도움이 될 것 같지 않은 것까지 꼼꼼하게 수첩에 기록했다고 합니다.

◉ 토머스 에디슨

그런 다 빈치를 본받아 노트를 항상 들고 다녔다고 알려진 사람이 발명가 토머스 에디슨입니다. 에디슨 역시 메모광으로 유명한데, 그가 남긴 메모의 양은 대학노트 크기로 무려 3500권에 이릅니다. 1년에 백 권(3~4일에 한 권)을 썼다고 해도 35년이 걸리는 것이니 실로 대단한 집념이라고 할 수 있겠죠. 그가 남긴 약 500만 페이지 분량의 메모는 지금도 전문가 집단이 정리와 분류 중이라고 하니 정말이지 놀라울 따름입니다.

에디슨의 노트

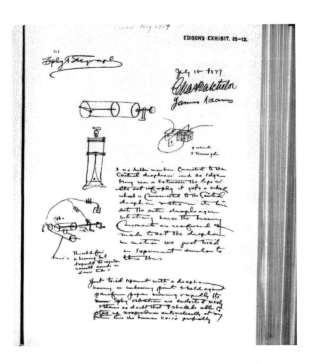

【출처】Thomas A. Edison Papers(https://edison.rutgers.edu/)

에디슨의 노트에는 자신의 아이디어뿐만 아니라 다른 발명가들이 발표한 논문이나 소개 기사, 누군가가 선점한 특허, 자연 및 그 당시 사회의 사건 사고에 대한 생각도 적혀 있습니다. 자신이 위기에 빠졌을 때도 역시나 상담 상대는 그 누군가가 아닌 메모 노트였다고 합니다.

일생 동안 약 1300여 개의 발명품을 세상에 내놓은 그에게 아이디어는 자본이며, 그 아이디어의 대부분은 메모에서 나왔다고 해도 과언이 아닐 것입니다.

● 레닌

러시아의 정치가이자 철학자인 레닌은 '노트 만들기의 천재'로 불립니다. 레닌은 도서관에 있는 책과 자료를 뒤적거리다 발췌한 내용을 노트에 옮겨 적고, 자신의 견해와 감상 등을 메모해두었습니다.

그 노트만 있으면 읽은 책의 내용을 복원할 수 있었다고 해요. 그에게는 그 노트가 요즘 말로 치트키였던 셈입니다.

레닌 전집 38권 『철학 노트(哲学ノート)』(오쓰키쇼텐, 이와나미문고)는 그의 독서 노트를 상세하게 재현한 것으로 유명한 책입니다. 교육 평론가 오기 나오키 씨가 "몇 번이고 다시 읽

레닌의 노트

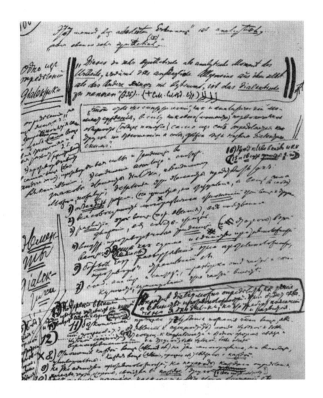

【출처】 레닌 전집 38권 『철학 노트(哲学ノート)』, 오쓰키쇼텐

었다"고 극찬했을 뿐 아니라, 전 외교관이자 작가인 사토 마사루 씨, 교육학자 사이토 다카시 씨도 자신의 책에서 소개한 바 있습니다.

◉ 프로 야구, 노무라 가쓰야 감독

야구 발전에 크게 기여한 노무라 가쓰야 감독도 메모광으로 유명합니다. 노무라 감독의 대명사가 된 'ID 야구'는 경험이나 감에 의존하지 않고, 데이터를 바탕으로 과학적인 전략과 전술을 선택하는 그의 스타일을 일컫는 말입니다. 그리고 그 바탕이 된 것은 '노무라 노트'라고 불리는 축적된 메모 노트였습니다. 그야말로 메모의 집대성이라고 할 만한 엄청난 양의 노트를 남긴 걸로 유명하죠.

그는 현역 시절에 상대 투수, 상대 타자들을 모두 한 페이지씩을 할애해 분석하는 메모를 작성하고, 잠자리에 들기 전 그날의 메모를 다시 한 번 보고 노트에 옮겨 적는 것을 매일매일 습관처럼 반복했다고 합니다. 그의 책『노무라 메모(野村メモ)』(일본실업출판사)에는 다음과 같은 문장이 나옵니다.

노무라 노트

노무라 감독이 1999년 한신 타이거즈 캠프에서 배포한
'노무라 노트'의 복사본.
생각하는 힘을 기르는 것을 중시한 노무라 감독은
팀 미팅 시간을 소중히 여겼다고 한다.

【출처】 https://www.sankei.com/article/20200216*6EN5JV6YBVPHNBVR6Y6YC6UJIY/

"이런 작업을 꾸준히 하는 것은 의외로 어려운 일이다. 하지만 계속

지속하다 보면 결과는 분명히 달라진다고 나는 확신한다."

원래는 '야구를 잘하고 싶다'는 생각으로 쓰기 시작했다는 '노무라 노트'. 하지만 하루하루 내용이 쌓이면서 인간 교육, 조직론, 약자의 전략 등등 점점 야구 외에 조직론, 관계론 등 인생 전반에 대한 내용으로 확대되었다고 합니다.

◉ 일본 축구 대표, 모리야스 하지메 감독

일본 축구 대표팀이 2022년 월드컵에서 선전하면서 열기가 무척 뜨거워졌습니다. 그 와중에 또 한 가지 더 화제가 된 것은 모리야스 감독의 메모술이었습니다.

모리야스 감독은 항상 작은 노트를 들고 다니면서 뭔가가 생각난다거나 깨달은 게 있을 때 메모하는 습관이 있다고 합니다. 그리고 이 메모 내용을 경기 전술에 활용하는 것은 물론이고, 팀내에 문제가 생기거나 개선해야 할 점이 생겼을 때 적극적으로 활용했다고 해요.

이런 점을 보면 메모하는 습관이 일본 축구의 성장에 지대한 영향을 미쳤다고 해도 과언이 아닙니다. 모리야스 감독이

애용하는 노트는 고쿠요^{KOKUYO : 일본의 유명 문구 회사-옮긴이}의 '캠퍼스 노트'로, 경기용은 B6(128*182mm) 사이즈, 연습용은 그보다 작은 A6(105*148mm) 사이즈라고 합니다.

저도 아들이 축구를 시작한 것을 계기로 유소년 축구팀 코치를 맡고 있는데, 모리야스 감독을 본받아 축구를 할 때는 늘 캠퍼스 노트를 갖고 다니면서 습관적으로 메모를 합니다.

◉ 전 일본 축구 대표 나카무라 슌스케 씨

나카무라 씨의 책 『꿈을 이루는 축구 노트(夢をかなえるサッカーノート)』(문예춘추)는 '운동선수가 스포츠 경기에 노트를 활용한다'는 사실을 세상에 알린 선구적인 책입니다.

스승의 권유로 고등학교 2학년 때부터 쓰기 시작했다는 그의 노트에는 단기, 중기, 장기라는 세 가지 시간 축으로 목표가 적혀 있습니다. 또한 시즌 중의 경기나 연습 메뉴 기록뿐만 아니라, 매일 깨달은 것들과 자신의 감정, 드리블이나 페인트, 프리킥 등에 대한 이미지까지 정말 다양한 것들이 한 권의 노트에 기록되어 있습니다. 이 책에 등장하는 '조용한 공간에서 혼자 노트와 마주하는 시간, 그것이 나의 인격을 형성했을지도 모른다'라는 문장을 보면, 그에게 메모하는 습관이 얼마나 중요한 것이었는지를 짐작할 수 있습니다.

◉ 사업가 후지타 덴 씨

일본 맥도날드의 창업자이자 전설적인 기업가 후지타 덴 씨. 그는 회사를 일본을 대표하는 외식업체로 성장시켰을 뿐만 아니라 일본 외식업계에 과학적인 경영 이론을 도입하여 산업화를 이룩한 최대 공로자이기도 합니다.

그런 후지타 씨 역시 "24시간 메모하라"고 단언할 정도로 압도적인 메모광이었던 것으로 유명합니다. 그가 메모광이 된 계기는 한 유태인의 제자로 들어갔던 경험이었습니다.

"아이디어는 무심코 적어놓은 메모 한 줄에서 나온다"고 말했던 후지타 씨는 실제로 맥도날드의 출점 전략을 짜는 과정에서 자신이 매일 기록해놓은 메모에서 큰 도움을 받았다고 합니다.

그의 대표작 『이기면 관군(勝てば官軍)』(kk베스트셀러즈)에 따르면, 집의 화장실과 침실, 욕실, 식탁, 회사 등 곳곳에 작은 메모지와 연필을 놓아두었다고 합니다. 아이디어가 떠오르거나 유익한 정보를 얻으면 24시간 어디서든 메모를 하고 또 매일 다시 보곤 했다고 합니다. 이런 일화를 보면 그 역시 철

저한 메모광이었음을 짐작할 수 있습니다.

◉ 사업가, 손정의 씨

소프트뱅크 그룹의 손정의 회장에게 메모는 단순히 잊지 않기 위해 적어두는 기록이나 비망록이 아닙니다. 그의 회사에는 손님을 맞는 일본식 응접실이 있는데, 그 방의 미닫이문은 모두 화이트보드로 되어 있다고 합니다.

해외에서 온 손님을 초대해 의견을 교환할 때는 논의할 내용을 그 화이트보드에 적어놓고 아이디어를 공유하면서 사업을 구상한다고 합니다.

손 회장이 메모를 습관화하게 된 계기는 미국 유학 시절에 작성했던 '발명 노트'입니다. 캘리포니아대학교에서 경제학을 전공하던 당시 19세이던 그는 스스로 학비를 벌어야 하는 상황이었다고 합니다.

하지만 공부하는 시간이 줄어드는 것이 싫었던 그는 뛰어난 발명품을 기업에 팔면 짧은 시간에도 돈을 벌 수 있다고 생각했습니다. 그래서 매일 5분을 투자해 하루에 한 가지씩 발명을 하는 습관을 만들었습니다. 그때 아이디어를 내기 위해 사용하던 발명 노트가 메모하는 습관의 시작이었던 셈이죠.

결과적으로 그는 250개 이상의 발명 아이디어를 만들어냈고, 그중 하나인 세계 최초 '음성 기능을 갖춘 번역기'를 샤프에 판매해 1억 엔을 벌어들인 것은 유명한 일화입니다.

● 경영 컨설턴트, 오마에 겐이치 씨

맥킨지의 전 일본 지사장이자 일본에서 경영 컨설팅이라는 시장을 확립한 장본인이기도 한 오마에 겐이치 씨.

그의 이름은 『기업 참모(企業参謀)』(고단샤)라는 책이 인기를 얻으면서 널리 알려지기 시작했습니다. 이 책은 출간된 지 30년 이상이 지났지만 아직도 많은 사람들에게 읽히고 있는 명저입니다. 비즈니스스쿨이나 기업의 교육 현장에서는 전략 사고의 교과서로 지금도 통용되고 있습니다.

또한 이 책이 탄생하게 된 계기가 바로 오마에 씨의 메모였다는 사실 또한 유명합니다. 그 역시 지독한 메모광으로 컨설팅 현장에서 일어난 일, 고객과 나눈 대화, 매일 생각난 것들을 대학 노트에 꾸준히 기록하는 것이 습관이었다고 합니다. 그 노트가 출판 편집자의 눈에 띄어 명저가 탄생했던 거죠.

오마에 겐이치 씨의 메모

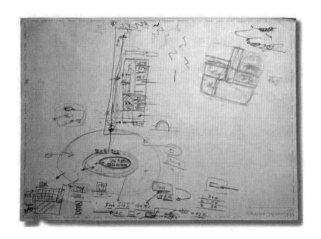

【출처】 https://president.jp/articles/*/6399

중요한 건 내용이지
노트 그 자체가 아니다

학교는 여러 가지 공부를 가르쳐주는 곳이지만 실제로 노트 필기를 어떻게 해야 하는지를 알려주는 선생님은 거의 없습니다.

대개의 학생들은 그저 수업 시간에 선생님이 칠판에 적은 내용을 그대로 노트에 베껴 씁니다. 이렇게 그대로 따라 쓰는 것만으로도 충분히 공부했다는 착각이 들기 때문입니다.

최근에는 여러 가지 색의 펜과 마커, 마스킹테이프까지 동원한 알록달록한 수첩이나 노트 사진을 인스타그램 등의 SNS에 올리는 분들도 많아졌습니다. 색감이 화려하고 예쁘기 때문에 이런 사진들에 반하는 팔로워들도 많을 겁니다. 하지만 이렇게 알록달록하고 화려한 수첩이나 노트가 과연 어떤 효과가 있을지 저는 잘 모르겠습니다. 노트를 만드는 것이 취미이고 그 자체가 목적이라면 상관없겠지만, 저 같은 비즈니스맨에게는 노트나 수첩을 화려하고 예쁘게 꾸미는 것은 의미가 없습니다.

오히려 일을 잘하는 사람, 목표 달성을 잘하는 사람의 메모와 노트를 보면 '보기 좋은 것'과는 정반대인 경우가 대부분입니다. 일상 속에서 깨달은 것을 메모로 남기고, 노트를 통해 생각을 정리하는 경우가 대부분입니다. 휘갈겨 쓴 글씨체, 틀린 걸 수정한 부분 등등이 많아 깔끔하다고 할 수 있는 상태가 전혀 아닌 거죠. 뛰어난 사람은 생각하는 것 자체가 중요하지 글씨가 예쁘거나 노트가 화려하거나 하는 것에는 그다지 신경 쓰지 않기 때문이겠죠.

이렇게 메모와 노트를 사용하는 방법에 대해 자세히 연구하다 보면, 일 잘하는 사람의 노트는 컬러풀하고 화려한 즉, '남에게 보여주기 위한 노트'가 아니라는 것을 알게 됩니다.

그렇다고 해서 '메모는 반드시 이렇게 써야 한다'라는 절대적인 해답이 있는 것은 아니고 사람마다 활용법이 다른 것도 사실입니다.

하지만 제가 말하고 싶은 점은 어떻게 메모를 하든 간에 '나를 움직이고 변화시킨다'는 관점에서 생각하라는 것입니다. 이 기준이 명확하면 내가 남긴 메모가 아웃풋으로 연결됩니다. 이 책에서 소개하는 메모와 노트 활용법의 공통점은 '어떻게 아웃풋으로 전환할 것인가?'라는 점임을 명심하시기 바랍니다. 이것이 수많은 선구자들로부터 배우고, 저 자신이 실천하면서 내린 결론입니다.

왜 손 글씨가
기억에 더 오래 남을까?

메모나 노트 활용에 대한 이야기가 나오면 반드시 등장하는 것이 바로 '아날로그 대 디지털' 논쟁입니다. 디지털 전성시대가 된 지금, 메모도 태블릿이나 스마트폰에 입력해서 남기는 것이 더 효율적이라고 생각하는 사람들이 많아졌기 때문이죠.

저 역시 직장인 시절에는 IT 업계에 몸담았던 'IT계 인간'이기 때문에 그 점에 대해서는 전혀 이상하다고 생각하지 않습니다.

애초에 메모를 하는데 '꼭 이렇게 해야 한다'는 절대적 원칙 따위는 없습니다. 수첩이나 노트에 손으로 쓰는 게 편한 사람은 그렇게 하면 되고, 태블릿이나 스마트폰에 입력하는 게 편한 사람은 또 그렇게 하면 됩니다. 한 마디로, 자신에게 편한 것을 고르면 된다는 말입니다.

다만, 이 책의 주제인 '나를 움직이고 변화시키기 위한' 쓰는 습관이라는 관점에서는 손으로 쓰는 아날로그 방식이 훨씬 더 효과적이라고 저는 생각합니다. 그 이유를 다음 다섯 가지로 정리해봤습니다.

이유 1 기억에 더 잘 남는다

아날로그가 디지털보다 기억에 더 오래 남는다는 것은 이미 많은 학자들이 과학적으로 증명해냈습니다.

예를 들어 미국 프린스턴 대학에서 진행한 연구 결과에 따르면, 강의 내용을 컴퓨터로 필기한 사람보다 손으로 필기한 사람이 개념 이해력을 확인하는 시험에서 더 높은 성적을 거둔 것으로 나타났습니다. 손으로 글자를 쓰는 행위 자체가 뇌를 자극해서 정보를 더 오래 기억하게 하기 때문입니다.

도쿄대에서도 태블릿이나 스마트폰보다 종이 수첩을 사용

하는 것이 두뇌 활동을 더 활발하게 해서 기억에도 더 오래 남는다는 것을 밝혀낸 '종이 수첩의 뇌 과학적 효용성'이라는 논문이 발표된 바 있습니다.

이뿐만 아니라 손 글씨의 효과를 과학적으로 증명한 논문들은 수없이 많습니다.

이유 2　바로 쓸 수 있다

이 책에서 제안하는 쓰는 습관 중에는 일상에서 얻은 작은 깨달음을 메모로 남기는 행위가 매우 큰 비중을 차지합니다. 따라서 무언가 쓰고 싶을 때 바로 쓸 수 있다는 점은 쓰는 행위를 습관화하는 데 매우 중요한 포인트입니다.

그런데 디지털의 경우에는 단말기를 실행하고 메모 앱 등을 열고 나서야 겨우 시작할 수 있기 때문에 기동성이 떨어질 수밖에 없습니다.

아주 작은 차이지만, 그 작은 차이가 쓰는 습관을 좌우하는 갈림길이 되기도 합니다.

이유 3 단순하기 때문에 사용하기 쉽다

종이 메모장이나 노트와 달리 디지털 단말기는 대부분 여러 가지 기능이 탑재된 경우가 많습니다. 하지만 기능이 많다는 것은 사실 필요 없는 기능이 많다는 뜻이기도 합니다.

예를 들어 폰트나 색상은 수백 가지의 선택지가 있는데, 이런 다양함이 오히려 메모를 하는 데 방해 요소가 될 수 있습니다.

이처럼 디지털은 너무 많은 기능이 있기 때문에 주의가 산만해지기 쉽고, 그것이 오히려 아이디어 발상에 방해가 되는 경우가 많습니다. 메모를 하면서 새로운 것을 떠올리는 과정은 단순할수록 좋습니다.

이유 4 더 자유롭고, 아이디어도 풍부해진다

디지털 기기에서는 정해진 형식에 따라 써야 하는 경우가 많지만, 손 글씨는 장소, 글자의 크기, 테두리나 밑줄 유무 등이 기본적으로 자유입니다.

결과적으로 아이디어가 더 풍부해지고, 생각 정리도 쉬워집니다.

이유 5 다시 보기 쉽다

과거에 쓴 노트를 다시 보다가 '아, 이때 내가 이런 생각을 했구나' 하고 놀랐던 경험은 없나요? 다시 들춰보기 편하고, 페이지를 넘기며 생각을 정리하는 데는 역시 종이가 최고입니다.

그 반면에 키워드로 뭔가를 검색해야 할 때는 디지털 단말기가 아무래도 더 편리하겠죠.

하지만 디지털 단말기는 '그냥 훑어보는' 잠재적인 행동으로 이어지기는 어렵기 때문에, 결과적으로 생각 정리나 아이디어 발상에는 그다지 적합하지 않습니다.

스스로 생각하는 아이 vs. 시키는 대로 하는 아이

앞서 소개한 전 일본 축구 대표 나카무라 슌스케 씨 외에도 야구 선수 오타니 쇼헤이, 탁구 선수 이토 미마, 하야타 히나 등 노트를 활용하고 있는 선수들은 많습니다.

스포츠 저널리스트 시마자와 유코 씨는 『세계를 잡는 노트(世界を獲るノート)』(KANZEN)에서 '메모는 독립의 씨앗'이라고 표현했습니다.

이 책에는 '세계를 상대로 도전하는 선수들을 관통하는 공통의 화살. 그것은 독립성이다'라는 문장도 나옵니다. 최고의 선수들은 스스로 생각하고 행동할 만큼 독립적인 성향을 갖고 있는데, 그러한 성격 특징은 이미 그들이 날마다 작성하고 있는 노트에서 싹트고 있다는 뜻입니다.

저는 초등학교 6년간 축구에 몰두했던 경험이 있기 때문에 장남이 축구를 시작한 것을 계기로 유소년 축구팀 코치를 맡고 있습니다. 요즘은 나카무라 씨처럼 아이들에게 축구 노트를 쓰게 하는 팀이 적지 않고, 저희 팀도 그중 하나입니다. 저는 아이들이 그냥 아무 생각 없이 연습과 경기에 임하는 것이 아니라, 스스로 생각하고 판단하고 행동하면서 참여하기를 바랍니다. 이는 '생각하는 힘'이 바탕에 깔려 있어야 가능한 일입니다. 이 때문에 아이들에게 축구 노트를 쓰게 했는데 한자를 쉽게 외우거나 어휘력이 향상되는 등 부수적인 효과도 많다는 걸 알게 되었습니다.

또 축구 노트에는 평소 연습이나 경기에서 얻은 깨달음이나 느낀 점만 쓰는 게 아니라, '다음번에는 무엇을 해야 할까?'라는 과제 의식까지 생기기 때문에 아이들은 점점 더 스스로 생각하는 법을 배우게 됩니다.

스스로 목표를 설정하고 독립적인 마인드로 연습에 참여하는 아이와 그저 코치가 시키는 대로 연습에 임하는 아이. 둘 중 누가 먼저 성장할까요?

이것은 비단 아이들에게만 해당되는 이야기가 아닙니다. '스스로 생각하는 힘'은 모든 사람에게 정말 중요한 키워드입니다.

저자의 축구 노트

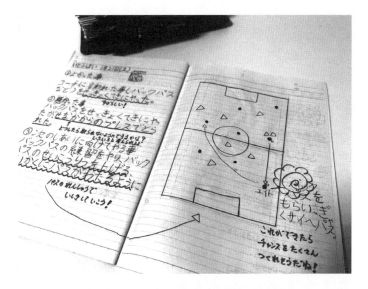

아이들에게 '스스로 생각하는 힘'을 길러주는 것이 목적이지만,
동기부여와도 연결되고 있다.

1장

아이디어는 영감이 아니라 깨달음이다

메모하는 인류의 아이디어 발상법

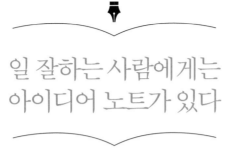

일 잘하는 사람에게는
아이디어 노트가 있다

예전에 성과를 내는 사람들이 어떤 방식으로 메모를 활용하고 있는지에 대해 철저히 연구한 적이 있습니다.

'업무에서 항상 성과를 내는 사람들은 어떤 방식으로 메모를 하고, 또 어떻게 활용할까?'

이 질문에 대한 답을 찾으면서 연구를 거듭한 거죠. 이 과정에서 어느 비즈니스 잡지에 실린 기사가 제게 큰 힌트를 주었습니다. 그 기사의 내용은 다음과 같습니다.

연소득이 1000만 엔 미만인 사람은 시간 관리를 하고, 그 이상인 사람은 아이디어 노트를 갖고 있다.

이 문장을 보자마자 "역시 그렇구나!"라고 감탄했습니다. 많은 사람들이 메모하는 법, 노트 쓰는 법, 시간 사용법 등 기술적인 부분이나 방법에 신경을 쓰지만 일정 수준(이 기사에서는 연소득 1000만 엔) 이상이 넘어가면 기술이 아닌 더 근본적인 것에 승부를 걸고 있다는 걸 확인했기 때문입니다. 다시 말하자면 자신의 능력을 인정받고 있는 고소득자는 효율이나 효과를 추구하는 게 아니라, 사고법이나 아이디어 발상 같은 '지적 생산 활동'을 승부처로 삼는다는 겁니다.

이 사실을 확인하고 나서 저는 더욱더 '그렇다면 아이디어 노트를 어떻게 활용하면 좋을까?'에 대해 신경 쓰게 되었습니다. 이번 장에서는 '지적 생산 활동'으로 자연스럽게 연결되는 메모법에 대해 알아보겠습니다.

아이디어 발상의 원리

아이디어 발상이라는 말을 들으면 책상 앞에 앉아 머리를 쥐어뜯다가 번쩍하고 좋은 생각이 떠오르는 모습을 떠올리기 쉽지만, 실제로는 전혀 그렇지 않습니다. 그 대신 순서와 절차라는 것이 존재합니다.

오차노미즈 여자대학교의 명예교수였던 고(故) 도야마 시게히코 씨는 저서 『아이디어 레슨(アイディアのレッスン)』(치쿠마문고)에서 '아이디어 발상은 술을 제조하는 것과 같다'고 밝혔습니다.

무슨 말인가 하면, 알코올이 아닌 것을 재료 삼아 발효를 통해 알코올로 만들어내는 과정이 아이디어 생성 원리와 비슷하다는 뜻입니다.

즉, 아이디어라는 것은 처음부터 사용할 수 있는 형태가 아니고, 몇 가지 공정을 거쳐야 비로소 아이디어라고 부를 수 있는 형태로 바뀐다는 말입니다.

이 글을 읽는 독자분들 중에는 '나는 원래 창의적으로 생각하는 걸 잘 못한다', '뭔가 무에서 유를 만들어내는 것을 나는 잘 못한다'라고 생각하는 분들도 계실 겁니다. 하지만 아이디어를 짜내는 것에 특별한 재능이 필요한 것은 아닙니다. 굳이 표현하자면 그저 약간의 기술이 필요할 뿐입니다. 여기서 기술이라고 말한 건 누구나 후천적 훈련을 통해 습득할 수 있다는 뜻입니다. 기술 습득에 필요한 것은 첫째, 원리를 이해하는 것이고 둘째, 방법을 익히는 것입니다.

그렇다면 아이디어 발상의 원리란 무엇일까요? 아이디어를 한마디로 표현하자면 '소재가 되는 아이디어 조각들의 결합'입니다. 이 점은 많은 아이디어 관련 책에서도 언급된 바 있고, 저 역시도 그렇다고 생각합니다.

그중에서도 미국의 사업가인 제임스 W. 영이 쓴 『아이디어 생산법』(이지연 역, 윌북, 2018)이 고전 명저로 유명한데, 처음 이 책을 읽었을 때 제 생각과 너무 똑같아서 깜짝 놀랐던

아이디어 발상의 원리

아이디어란 소재가 될 만한 조각들이 결합하면서 탄생한다

기억이 납니다.

아이디어 조각들이 결합한다는 것이 어떤 의미인지 구체적인 예를 들어보겠습니다.

'잘 붙지만 쉽게 떼어지는 점착제'라는 아이디어와 '메모지'라는 아이디어를 결합하여 탄생한 것이 바로 '포스트잇' 같은 점착 메모지입니다.

애플의 아이폰 또한 '음악 플레이어'와 '휴대폰'이 조합하면서 탄생했다고 볼 수 있죠.

즉, 아이디어가 만들어지는 과정에는 먼저 아이디어 조각이 여러 개 필요하고 그 조각들이 서로 결합하면서 또 하나의 새로운 아이디어가 탄생하게 된다는 말입니다.

그런데 이때 이 아이디어 조각은 뜬금없이 갑자기 떠오르는 경우가 대부분이라는 게 중요합니다. 책상 앞에 앉아서 머리를 쥐어뜯으며 아이디어를 궁리한다고 해서 억지로 떠오르는 게 아니라는 말이죠.

그러므로 우선은 평소에 소재가 될 만한 아이디어 조각을 모아두는 게 중요합니다.

이 아이디어 조각이 많을수록 나중에 그것들이 서로 여러 가지 조합으로 결합하면서 쓸 만한 아이디어로 탄생하게 되니까요.

이것이 바로 아이디어 발상의 원리입니다.

아이디어 발상의 3단계

아이디어는 소재가 될 만한 조각들이 서로 결합해서 탄생한 다는 걸 이해하셨죠? 그럼 이제 이 원리를 바탕으로 한 아이디어 발상법에 대해 말씀드릴게요. 아이디어 발상은 다음의 3단계 과정을 거칩니다.

Step1. 메모로 아이디어 조각을 수집한다.

Step2. 수집해둔 아이디어 조각을 발효시킨다.

Step3. 아이디어 조각을 노트에 옮겨 적으면서 생각한다.

이제 자세히 설명해보겠습니다.

Step1 메모로 아이디어 조각을 수집한다

아이디어 조각이란, 아직 아이디어라고 부를 수 있을 만큼 획기적이지는 않고, 사용할 수 있는 상태도 아닌 깨달음이나 발견, 생각을 가리킵니다.

기본적으로 아이디어 조각이란 깨달음이라고 생각하면 됩니다.

일상 속에서 뭔가를 발견하거나, 의문점이 생겼을 때, 혹은 '아~ 이래서 이런 거구나' 하고 깨달음이 왔을 때, 그것을 꾸준히 노트에 기록해두는 것. 이것이 첫 번째 단계입니다.

Step2 수집해둔 아이디어 조각을 발효시킨다

그다음 단계에서는 내가 메모해둔 아이디어 조각을 덮어놓고 더 이상 생각하지 않습니다. 이렇게 말하면 의외라고 생각할 수도 있지만, 신기하게도 고민하던 문제를 덮어놓고 더 이상 생각하지 않게 되면 어느 날 갑자기 새로운 영감이 떠오를 때가 있습니다. 문제에서 잠시 떨어져 한 번 숙성시키는 시간을 가지면 오히려 새로운 아이디어(혹은 해결책)가 떠오른다는 말입니다. 이를 '부화 효과'라고 부릅니다.

앞에서 아이디어 만들기란 술을 제조하는 것과 비슷하다고 말했는데, 이 단계가 바로 알코올을 발효시키는 과정이라고 생각하시면 됩니다.

Step3 아이디어 조각을 노트에 옮겨 적으면서 생각한다

지금까지 모아둔 아이디어 조각을 이용해 생각하는 작업을 하는 것이 마지막 단계입니다.

아이디어 조각을 적어둔 메모를 정리용 노트에 옮겨 적는 겁니다. 말하자면, 잡다하게 써놓은 메모를 정리하는 작업을 하는 겁니다.

이 단계에 대해서는 2장에서 더 자세히 설명하겠습니다.

여기서 한 가지 분명한 것은, 특별할 것 없는 단편적인 아이디어를 진짜 쓸모 있는 아이디어로 만드는 것은 하루아침에 이루어지는 게 아니라는 점입니다.

그렇기 때문에 메모로 남기기, 노트에 정리하기와 같이 언뜻 비효율적으로 보일 수 있는 과정을 거쳐야 합니다.

저는 이 세 가지 단계를 주기적으로 거침으로써 일상에서 활용할 수 있는 작은 아이디어부터 업무에서 큰 성과로 이어질 수 있는 큰 아이디어까지 다양한 아이디어를 실현해봤습니다.

지금까지의 이야기를 통해 아이디어 발상이란 참신한 영감이 갑자기 하늘에서 떨어지는 것이 아니라, 원리와 방법에 의해 이루어지는 '기술'이라는 것을 충분히 이해하셨을 겁니다.

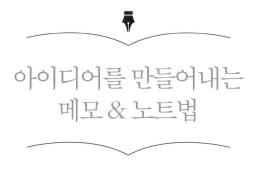

아이디어를 만들어내는 메모 & 노트법

① 아이디어가 잘 떠오르는 타이밍

좋은 아이디어와 생각은 책상 앞에 앉아 있을 때만 떠오르는 것이 아닙니다. 그렇다면 언제, 어떤 곳에서 좋은 아이디어가 떠오르는 걸까요?

물론 사람에 따라 다르겠지만 그 점을 미리 알고 있다면 영감이나 아이디어를 바로바로 메모로 남겨 추후의 활동에 활용할 수 있을 것 같습니다.

중국 북송의 정치가이자 문학가였던 구양수(1007~1072년)라는 인물은 좋은 생각이 떠오르기 쉬운 상황으로 '삼상(三上)'

이라는 말을 남겼습니다.

삼상이란 마상(馬上), 침상(枕上), 측상(厠上)을 말합니다. 마상, 즉 말의 위라는 것은 요즘으로 치면 출퇴근 시 지하철을 타거나 자동차를 운전하는 것을 가리킵니다. 실제로 저도 운전 중에 생각이 떠오르는 경우가 많아서 운전석에는 늘 큰 사이즈의 메모 패드와 사인펜을 준비해둡니다. 물론 운전하면서 메모를 하는 행위는 위험하기 때문에 신호 대기 시간이나 목적지에 도착하고 나서 메모를 하는 경우가 많습니다.

예전에는 스마트폰 앱으로 음성 메모를 남겼는데, 바로바로 메모를 실행하기에는 역시 아날로그가 편하기 때문에 지금은 손으로 직접 메모를 작성합니다.

참고로 차 안에서 쓴 메모는 그때그때 찢어서 애용하는 수첩에 끼워 아이디어 조각으로 임시 저장합니다.

사람에 따라서는 밤에 잠들기 전이나 기상 직후에 아이디어가 떠오른다는 사람도 있습니다. 그것이 바로 침상입니다.

수면에는 두 가지 종류가 있다는 것을 이미 알고 있는 사람이 많을 것입니다. 하나는 몸은 쉬고 있지만 뇌는 활동하고 있는 렘수면. 그리고 또 하나는 뇌까지 완전히 휴식하는 비렘수면(non-REM sleep)입니다.

렘수면 시에는 뇌가 활발하게 활동하며 기억의 정리와 정착

운전 중에 영감을 얻기 쉬울 때는 익숙한 길에 한정되며
초행길의 경우는 해당되지 않는다.

이 이루어지는데, 수면 시간 후반으로 갈수록 이 렘수면의 빈도가 높아진다고 합니다. 그래서 그런지 아침에 눈뜨자마자 좋은 아이디어가 떠오른다는 사람이 적지 않은 것 같습니다.

독일의 학자인 가우스나 헬름홀츠가 아침 기상 직후에 훌륭한 발견을 한 경우가 많았다는 일화도 이 의견을 뒷받침하고 있습니다. 아침마다 화장실에 신문을 들고 들어가 꼼꼼히 읽는 모습은 이제 그리운 풍경이 되어버렸지만 아직도 화장실에서 책을 읽는 사람은 많지 않나요?

저도 그중 한 명인데, 주변의 방해를 받지 않고 집중할 수 있는 환경이기 때문에 왠지 그 편안함이 머릿속을 자유롭게 해주는 것 같습니다. 이것이 바로 구양수가 말한 측상입니다.

여기서 소개한 '삼상' 말고도, 산책 중에 좋은 생각이 떠오른다는 사람도 의외로 많습니다.

실제로 유럽의 사상가들 중에는 산책학파가 많다고 합니다.

아마도 적당히 몸을 움직이는 상태가 뇌를 자극하고, 게다가 산책은 일정한 리듬으로 단조로운 동작을 반복하는 행위이기 때문에 발상에는 딱 좋은 방법인 것 같습니다.

또 한 가지, 영감을 얻기 좋은 방법 중에는 목욕이 있습니다.

저는 목욕이나 샤워를 하다가 '바로 그거야!'라는 생각이 들어 서둘러 목욕탕을 빠져나와 메모를 하는 경우가 많습니다.

그리스의 물리학자 아르키메데스가 '비중의 원리'를 발견한 것이 목욕 중이었다고 전해지는 것도 납득이 갑니다.

어쨌든 아이디어 조각은 언제, 어디서 갑자기 튀어나올지 알 수 없습니다. 메모해두지 않으면 순식간에 어디론가 사라져버릴 위험도 있습니다. 분명 뭔가 반짝이는 아이디어가 생각났는데 몇 분이 지난 후 전혀 생각나지 않는 경우가 생길 위험이 있습니다.

그러므로 자신의 경우에는 '언제, 어디서 좋은 아이디어가 떠오르는지'를 미리 파악해두고 미리 메모할 준비를 해두는 것이 중요합니다.

② 아이디어 조각 메모법

그렇다면 아이디어 조각은 어떻게 메모하면 좋을까요?

아이디어라는 말을 들으면 우선 '어떻게 영감이나 힌트를 얻을 것인가'가 중요하다고 생각할 수 있습니다. 하지만 여기서 말하는 아이디어 조각은 그런 것이 아닙니다.

기본적으로 '아이디어 조각=깨달음'이라고 생각하면 됩니다. 좀 더 구체적으로 말하면, 자신이 깨달은 것이나 생각한 것, 느낀 것들입니다. 크게 의미를 부여할 필요는 없고, 그저 그것들을 메모하는 것만으로도 충분합니다.

중요한 것은 이를 언어화하여 적어두는 것입니다.

그렇게 남은 메모가 바로 '아이디어 조각'이고, 그것들이 발효 기간과 사고 작업을 거쳐 나중에 쓸 만한 아이디어로 재탄생하는 것입니다.

그렇다면 깨달은 것, 생각한 것을 메모한다는 것은 어떤 것일까요? 제가 실제로 메모장에 적었던 내용을 통해 구체적으로 보여드리겠습니다.

- 잡지 기사에 '희소성을 높여 고객층의 구매욕을 자극하고 있다'고 적혀 있다.

  → 【메모 내용】 아예 '한정 모델'이라는 판매 방식도 가능할까?

- 신문 인터뷰 기사에 '인터넷으로도 신발을 살 수 있는 시대. 그럼에도 불구하고 매장에 와서 사고 싶다는 생각이 드는 서비스를 하고 싶다'라고 쓰여 있다.

  → 【메모 내용】 인터넷으로도 강의를 들을 수 있지만, 그럼에도 불구하고 현장에서 듣고 싶은 마음이 들게 하려면 어떻게 해야 할까?

- 어떤 유튜버의 동영상을 보고

→ 【메모 내용】 동영상에서는 말과 말 사이의 '정적'이 적은 편이 좋다.

이런 식으로 적으면 됩니다. 어디까지나 자신을 위한 메모이기 때문에 누가 봐도 내용을 파악할 수 있을 정도까지 쓰지 않아도 됩니다. 또 아무도 눈치채지 못했을 완전히 새로운 발상을 쓰는 것이 아니라, 그냥 내가 생각했거나 느낀 것, 깨달은 것을 있는 그대로 메모한다고 생각하면 됩니다. 설령 엉뚱하거나 완벽하지 않다는 생각이 들어도 개의치 않고 기록해두는 것이 포인트입니다.

이렇게 메모하는 습관에 익숙해지면 세상만사에 안테나를 세우게 되어 정보에 민감해집니다.

그래서 더욱 아이디어 조각이 쌓이는 선순환이 이루어집니다. 부수적인 효과이긴 하지만, 이렇게 메모하는 습관이 생기면 언어 능력과 비평 능력 또한 향상됩니다.

예를 들어 회의나 비즈니스 미팅 시의 커뮤니케이션은 물론이고, 보고서나 제안서 등의 자료를 작성할 때도 자신이 전달하고자 하는 바를 말로 표현하는 능력이 향상됩니다.

오늘부터 매일매일 자신이 느낀 점이나 깨달은 점을 메모하는 습관에 도전해보시기 바랍니다.

③ 작은 노트에 아이디어 조각 모으기

세상에는 정말 다양한 종류의 노트가 있습니다.

그래서 이번 파트에서는 어떤 노트를 선택해야 하는지, 목적별로 알아보겠습니다.

'아이디어 조각을 저장한다'는 관점에서 본다면, 옷의 주머니나 가방에서 바로 꺼낼 수 있고 항상 휴대할 수 있는 사이즈의 노트가 좋습니다.

축구 감독 모리야스 씨가 사용하는 A6(105*148mm)나 B6(128*182mm) 사이즈를 권합니다.

저는 휴대성뿐만 아니라 책상이 없어도 쓰기 편하기 때문에 표지가 두꺼운 M5(64*105mm) 사이즈의 시스템 다이어리를 애용하고 있습니다. 가죽으로 만든 시스템 다이어리 또한 사용할수록 자연스럽게 색이 변하는 특유의 느낌과 세월의 변화를 즐길 수 있다는 점에서 특히 추천합니다.

저도 유소년 축구 코치를 할 때는 모리야스 감독을 따라서 고쿠요의 노트(A6 사이즈)를 메모장으로 사용합니다. 그날의 연습 메뉴나 경기와 연습을 통해 느낀 점 등을 메모할 때 사용하는데, 트레이닝복 주머니에 넣어도 방해가 되지 않는 크기와 쉽게 꺼낼 수 있다는 점을 최우선으로 고려하다 보니 이 노트를 선택하게 되었습니다.

저자가 메모장으로 애용하고 있는 M5 사이즈의 시스템 다이어리.
사소한 것들을 메모하는 데 적합한 사이즈라서 마음에 든다.

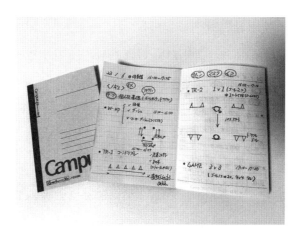

소년 축구 시간에는 캠퍼스(Campus) 노트(A6 사이즈)를 사용한다.

한편 내근이 많아 노트를 항상 책상 위에 올려놓고 사용하는 사람도 있겠죠. 그런 사람은 A5(148*210mm) 또는 가장 흔하게 볼 수 있는 B5(182*257mm) 사이즈의 노트를 선택하는 게 좋습니다.

노트를 고를 때 중요한 포인트는 무언가 메모하고 싶을 때 꺼내는 것이 귀찮지 않은 사이즈를 고르는 것입니다. 이 동작이 번거로우면 메모하는 습관이 생기기 어렵습니다.

자신의 라이프스타일을 고려해서 '쉽게 꺼낼 수 있는지'를 잘 살펴보고 노트를 선택하세요.

④ 노트에 얽매이지 않고 그냥 쓰기

혹시 이런 경험을 한 적은 없나요?

어느 날 문득 '아, 그렇구나!'라고 깨달은 것이 있었는데 미처 적어두지 못하고 지나쳤는데, 나중에 아무리 그때 생각났던 걸 떠올려보려고 해도 도저히 생각나지 않았던 경험 말입니다.

저도 이와 비슷한 경험이 여러 번 있었습니다.

분명 처음에 생각이 났을 때는 절대 잊어버리지 않을 자신이 있었을 겁니다.

그래서인지 많은 사람들이 사소한 메모는 잘 남기지 않습

에빙하우스의 망각 곡선

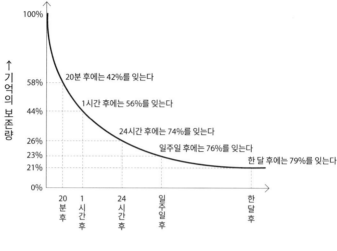

메모는 'memorandum'의 약어로 어원은 'memory'(기억)이다.

니다. 나중에 또 생각날 거라 쉽게 생각하고 그냥 지나치는 경우도 많습니다. 하지만 일상에서 발견한 사소한 깨달음 하나가 훗날 큰 아이디어로 발전하는 경우는 적지 않습니다.

독일의 심리학자 헤르만 에빙하우스가 발견한 '망각 곡선'이 보여주듯, 사람은 무언가를 듣거나 기억해도 1시간 후에는 절반 가까이, 하루가 지나면 기억의 70% 이상을 잊어버린다고 합니다(83쪽 그림 참조).

이를 통해서도 무언가에 대해 메모하는 습관을 들이는 것이 얼마나 중요한지 알 수 있습니다.

저는 평소 애용하는 A5 사이즈의 시스템 다이어리, 아니면 M5 수첩에 메모를 적습니다.

하지만 간혹 어떨 때는 좋은 생각이 떠올랐는데 수첩이나 메모장이 없는 경우도 있습니다.

그럴 때는 식당의 종이 냅킨, 일회용 젓가락 커버, 영수증 뒷면, 책 커버 등 글자를 쓸 수 있는 물건에 메모를 남기면 됩니다. 여기서 말하고 싶은 건 '어쨌든 뭔가를 쓸 수 있다면 무조건 쓴다'는 자세입니다.

물론 스마트폰 메모장에 입력하거나, 메모한 내용을 나 자신에게 이메일로 보내는 경우도 있습니다. 다만, 저의 경우에는 디지털 기기에 입력한 메모를 나중에 다시 보는 경우가 좀처럼 없기 때문에 가급적 손으로 기록하는 것을 원칙으로 하고 있습니다.

어떤 방식을 선택하든 오늘 내가 발견한 작은 아이디어 조각을 메모로 남기는 것은 나중에 큰 아이디어로 발전시키는 지적 생산의 첫걸음이 됩니다. 갑자기 일상 속에서 아이디어 조각이 떨어졌을 때는 노트든 수첩이든 스마트폰 메모장이든 방법에 얽매이지 않고 재빨리 기록하는 것이 중요합니다.

⑤ 신문 스크랩 활용법

명탐정 셜록 홈스의 이야기 속에는 종종 신문 기사를 모은 스크랩북이 등장하고, 그 정보를 힌트 삼아 진상을 규명하는 장면이 나옵니다.

셜록 홈스를 흉내 내려는 것은 아니지만 저도 신문 스크랩을 합니다. 2장에서 소개할 루스리프 loose leaf : 종이를 마음대로 갈아 끼우거나 보충할 수 있는 형식-옮긴이가 그 스크랩북의 역할을 합니다.

신문을 읽다가 '이거다!' 싶은 기사가 있을 때는 그 페이지를 통째로 찢어서 모아두었다가 나중에 천천히 다시 읽습니다.

남겨두고 싶은 기사는 그대로 오려서 메모와 마찬가지로 '아이디어 조각'으로 보관합니다. 신기하게도 신문에서 힌트를 얻는 경우가 의외로 많아서, 이 신문 스크랩 내용이 대형 기획이나 프로젝트로 발전하는 경우를 지금까지 여러 번 경험했습니다.

저널리스트 이케가미 아키라 씨도 저서 『이케가미 아키라의 신문 공부술(池上彰の新聞勉強術)』(문춘문고)에 '아무 관계가 없는 기사들이 서로 연결되면서 전혀 생각지도 못한 아이

디어가 탄생하는 경우가 있습니다. 스크랩은 새로운 발견이라는 기쁨을 줍니다'라고 썼습니다.

이는 그야말로 아이디어 조각이 서로 결합해서 새로운 아이디어가 탄생한다는 원리에 기반한 내용입니다. 참고로 이케가미 아키라 씨도 신문 스크랩을 정리하는 데는 루스리프를 활용하고 있다고 합니다.

그렇다면 신문 스크랩은 어떻게 활용해야 할까요? 메모를 루스리프에 옮겨 적는 것과 마찬가지로, 기본적으로는 겉으로 보이는 모습에 신경 쓰지 않고 자유롭게 붙이는 것이 원칙이지만, 딱 한 가지 규칙이 있습니다.

신문에서 잘라낸 스크랩은 반드시 한 개의 기사당 한 장의 용지를 사용하는 것입니다.

이렇게 하면 주제나 장르별로 분류하기 쉬울 뿐만 아니라 나중에 분류를 바꾸고 싶을 때도 자유롭게 이동시킬 수 있습니다.

용지 한 장당 한 개의 기사로 정리하면 스크랩을 붙인 페이지의 뒷면은 여백이 됩니다. 그 공간이 아깝다고 생각할 수도 있지만, 그 기사에서 영감을 받아 떠오른 생각을 적어두면 딱 좋습니다.

틈틈이 스크랩을 다시 들춰보면 나중에 새로운 발견이나

책 표지에 적어둔 메모.
책을 읽다가 아이디어가 떠오르면 그대로 휘갈겨 쓰듯이
메모를 하는 경우도 있다.

영감이 떠오르는 경우가 적지 않습니다. 그럴 때는 바로 메모를 추가합니다.

이런 단순한 작업을 반복하다 보면 축적된 '아이디어 조각'이 서로 결합하는 타이밍이 찾아오고, 결국 쓸 만한 아이디어로 발전하게 됩니다. 가끔씩 꺼내서 다시 보는 행위는 그야말로 지적 생산 활동이라고 할 수 있습니다.

⑥ 신문 스크랩도 종이로 해야 하는 이유

디지털화가 진행된 요즘은 신문도 인터넷으로 읽는 사람이 많습니다.

인터넷이라면 더욱 마음에 드는 기사만 따로 모아 보관하는 것이 효율적이기 때문에, 읽는 것과 스크랩 모두 디지털로 하는 것이 좋지 않을까 라고 의문을 갖는 독자도 있을 것 같습니다.

하지만 저는 신문도 아날로그(종이)파이고, 특히 스크랩을 지적 생산에 활용하고 싶다면 절대적으로 아날로그가 유리하다고 생각합니다.

그 이유는 가독성이 높기 때문입니다.

신문을 책상이나 바닥에 펼쳐서 읽으면 지면 전체를 읽는 게 아니라 '본다'는 느낌으로 빠르게 확인할 수 있습니다. 이

신문 스크랩은 루스리프 한 장당 한 개의 기사로 만드는 것이 포인트.
여백은 깨달은 것을 메모하는 공간으로 활용한다.

점은 별게 아닌 것 같아 보여도 인터넷으로는 불가능한, 종이 신문만의 매우 특별한 능력이라고 생각합니다.

제가 존경하는 경영자 중 한 명이자 가장 영향을 많이 받았던 책 『꿈을 이루어주는 한 권의 수첩』의 저자이기도 한 GMO 인터넷그룹의 구마가이 마사토시 씨도 매일 아침, 신문을 바닥에 펼쳐놓고 확인한다고 합니다. IT 업계 최대 기업의 사장조차도 신문은 종이로 읽습니다.

두 번째 이유는 스크랩을 한 장 한 장 넘겨서 볼 수 있다는 것입니다.

단순히 보관이나 효율성만을 생각한다면 디지털이 더 낫지만, 아이디어를 내는 게 목적이라면 종이가 더 적합합니다. 틈틈이 종이를 넘기면서 확인할 수 있으니까요.

언뜻 비효율적으로 보이는 이런 행위가 아이디어나 생각을 발전시키는 데에는 매우 중요합니다. 이 행위 자체가 지적 생산 활동이라 해도 과언이 아닙니다.

디지털의 단점은 정보를 모아놓아도 '검색'과 같은 능동적인 행동을 하지 않으면 과거에 모아놓은 자료를 한눈에 볼 수 없다는 것입니다.

그러므로 신문 스크랩과 같은 지적 생산 활동을 할 때는 꼭 아날로그(종이)를 활용하라고 강조하고 싶습니다.

아이디어가 솟아나는 메모법

① 아이디어가 잘 떠오르는
시간대를 찾는다
(그 시간에는 항상 메모할 준비를 한다)

② '아이디어 조각=깨달음'이라고
단순하게 생각한다

③ 휴대하기 좋은 메모지에
아이디어 조각을 모은다

④ 눈에 띄는 신문 기사가 보일 때도
오려서 아이디어 조각으로 수집한다

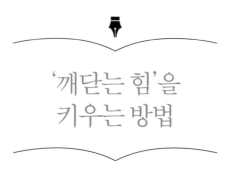

'깨닫는 힘'을
키우는 방법

지금까지 자신이 생각한 것과 느낀 것, 깨달은 것을 메모로 남겨야 한다고 설명했지만, 일상 속에서 깨달음을 얻는 것 자체가 어렵다고 느끼는 사람도 있을 겁니다. 그런 사람은 막상 메모장을 갖고 다녀도 메모할 것이 없다고 생각하겠죠.

사실 깨닫는 힘을 키우고 정보에 대한 민감도를 높이기 위해서는 사전에 준비 작업이 필요합니다.

그 준비 작업이란 바로 '과제 설정'입니다. 자신의 단기 혹은 중장기적인 과제를 설정하면 '과제 의식'이라는 이름의 안테나가 생깁니다. 먼저 그 안테나가 서 있어야 일상 속 사소한 일에서도 '앗!' 하고 놀랄 만한 크고 작은 깨달음을 얻을 수 있습니다.

즉, '깨닫는 힘'이란 과제 의식이라고 할 수 있습니다.

과제라고 하면 왠지 '반드시 극복해야 한다'는 부정적인 인상이나 압박을 느낄 수 있는데, 그런 것이 아니라 자신의 목표 달성을 위해 해야 할 주제라는 긍정적인 자세에서 비롯된 것을 말합니다. 그래서 저는 매일 아침 스스로의 과제에 대해 숙고하는 시간을 갖습니다.

제가 애용하는 시스템 다이어리의 내부 용지는 모두 제가 만든 것들인데, 매일의 스케줄을 작성하는 페이지에는 '지금 과제와 해야 할 일'이라는 항목을 만들어두었습니다.

매일 아침 그날 하루를 계획할 때, 말 그대로 '오늘 나의 과제는 무엇인가?', '지금 해야 할 중요한 일은 무엇인가?'에 대해 자문자답하며 메모를 합니다.

과제는 3개월에서 6개월 정도의 단기적인 관점에서 생각할 수도 있고, 1년 이상을 내다보는 중장기적인 관점으로 생각할 수도 있습니다.

어떤 관점으로 생각하느냐는 사람에 따라 다르겠지만, 제 경우에는 단기적인 관점에서 늘 세 개에서 다섯 개 정도의 과제를 설정하는 경우가 많습니다. 과제는 하루 이틀 만에 쉽게 바뀌는 것이 아니기 때문에 이 칸에는 거의 매일 같은 내용을 씁니다.

그렇다면 왜 굳이 그런 일을 할까요?

이유는 간단합니다. 단 하루만 지나도 잊어버리기 때문입니다.

그동안 제가 많은 사람들을 코칭한 경험에 비추어볼 때, 과제가 뭐냐고 물었을 때 바로 대답할 수 있는 사람은 생각보다 많지 않습니다. 아무리 심사숙고한 과제라 하더라도 하루가 지나면 잊어버리는 경우가 대부분입니다. '그러고 보니 뭐였더라?'라는 식이죠(웃음).

매일 눈앞에 닥친 일로 쫓기는 현대인에게는 지극히 자연스러운 일이라고 생각합니다. 저 역시도 그런 사람 중 한 명입니다. 그래서 매일 아침 하루를 계획할 때 자신의 과제를 생각해보고 기록하는 시간을 마련한 것입니다.

그렇다면 과제를 설정하는 것이 '깨닫는 힘'을 키우는 데 어떤 작용을 하는 걸까요?

한 가지 예를 소개하겠습니다. 세미나 강사 일을 시작했을 때 저의 과제는 '사람을 끌어당기는 프레젠테이션 기술 습득'이었습니다.

이를 해결하기 위해 당연히 관련 책을 찾아 읽었지만, 아무래도 탁상공론처럼 느껴지고 잘 와 닿지 않았습니다. 그러던 중 바로 이거다 싶은 중요한 힌트를 얻게 된 것은 우연히 텔레비전에서 본 만담을 통해서였습니다.

저는 원래 만담을 보는 사람이 아니었고, 오히려 흥미가 없는 편이었습니다. 그런데도 청중을 매료시키는 유창한 말솜씨의 만담가가 눈에 띈 것은 제가 미리 과제 의식이라는 안테나를 세우고 있었기 때문입니다. 이렇듯 '자신의 과제를 설정한다'는 사전 준비 작업은 자기 자신 안에 안테나를 세워줌으로써 별것 아닌 일상 속에서 힌트나 깨달음을 쉽게 얻을 수 있게 해줍니다.

예로부터 '단정함은 발밑부터'라는 말이 있듯이, 정기적으로 구두를 닦는 등 평소 발아래의 몸가짐에 신경을 쓰는 사람은 특별히 주의를 기울이지 않아도 다른 사람의 신발이 더러운 것을 금방 알아차립니다. 마찬가지로 '빨간 차'를 갖고 싶다고 생각하면 거리에서 빨간 차가 유난히 눈에 띄게 됩니다.

이를 '컬러 배스 효과(color bath effect)'라고 하는데, 이는 과학적으로도 이미 입증된 이론입니다.

今の課題とやるべき事

① 会員1000人規模に耐えられる仕組みづくり.

② 通販事業 → 来年を見据えた商品開発 ＆ブランディング

③ 情報発信の強化

저자가 애용하는 다이어리의 '오늘의 과제'를 기입하는 칸.
매일 아침 하루 계획을 세울 때, 자신의 과제를 생각하며 적어둠으로써
항상 안테나가 서 있는 상태를 만들고 있다.

'과제'의 예시

사생활 관련 :
□ 아침 시간의 효과적인 활용
□ 체형 유지를 위한 생활 습관 확립
□ 부부가 무리 없이 가사를 분담할 수 있는 시스템 구상

일 관련 :
□ 부하의 의욕을 이끌어내는 코칭 기술 습득
□ 재택근무 시에도 출근했을 때와 같은 회의 진행법 확립
□ 신상품 개발 속도 향상

쓰지 않으면 아이디어는 사라진다

당신의 과제를 써보자

다음 질문에 대해 생각해보고, 거기서 나온 답을 힌트로 과제를 설정해봅시다.

Q1. 1년 후의 '이상적인 내 모습'을 상상했을 때, 앞으로 3개월 동안 해야 할 일은 무엇인가요?

Q2. 5년 후의 내가 '지금의 나'에게 조언을 해준다면, 어떤 조언이나 충고를 할 것 같나요?

Q3. 만약 당신이 동경하는 사람에게 상담을 받는다면 어떤 조언을 들을 것 같나요?

2장

옮겨 적을 때 새로운 아이디어가 탄생한다

생각이 깊어지는 방법은 의외로 간단하다

모아둔 메모를
노트에 옮겨 적기

앞서 아이디어는 처음부터 하늘에서 갑자기 떨어지는 것이 아니고, 세 가지 단계를 거쳐야 비로소 아이디어라 부를 수 있는 형태로 만들어진다고 말했습니다. 그 마지막 단계가 앞 장에서 소개한 '메모를 노트에 옮겨 적으면서 생각하기'입니다. 그런데 일상 속에서 얻은 깨달음을 메모로 남기는 행위는 단지 수단일 뿐입니다. 최종 목적은 아이디어라는 열매를 통해 지적 생산 활동에 이용하는 것입니다. 이를 위한 다음 과정이 바로 노트에 옮겨 적는 작업입니다.

구체적으로는 아이디어 조각으로 적어둔 메모들을 정리용

노트에 옮겨 적는 작업을 말합니다. 한마디로 그동안 잡다하게 수집한 메모들을 정리하는 작업입니다. 노트 정리라고 하면 깔끔하게 베껴 쓰는 행위라고 생각하기 쉽지만, 그 자체가 목적이 아니기 때문에 내용물이 얼마나 깔끔하고 보기 좋은지는 신경 쓰지 않아도 됩니다.

중요한 것은 노트에 옮겨 적으면서 '생각에 잠기는 것'입니다. 따라서 '노트를 이용해 깊이 생각한다'는 표현이 더 적절할 것 같습니다.

정리용 노트에 옮겨 적으면서 생각을 하다 보면, '아, 이건 저것과 함께 조합할 수 있겠다', '저기서 이것을 활용할 수 있을지도 몰라', '저 과제를 해결하는 데 이 힌트를 활용할 수 있을지도 몰라' 같은 발상이 머릿속에 떠오릅니다. 흩어져 있던 메모들이 서로 연결되면서 스파크가 일어나는 과정이죠. 이때 나오는 발상이 바로 우리가 말하는 '아이디어'라는 것입니다.

이 옮겨 적기 단계에서는 굳이 옮길 필요가 없어 버려지는 메모들도 당연히 존재합니다. 제 경험상 모아두었던 메모를 정리용 노트에 옮겨 적으면 분량이 3분의 1 정도로 줄어드는 것 같습니다.

애초에 옮겨 적는 것 자체가 상당히 번거로운 일이고, 언뜻 비효율적으로 느껴질 수도 있습니다. 하지만 이 행동을 꾸준히 하다 보면 메모로 남겼던 아이디어 조각들이 점점 정리되는 신기한 경험을 하게 됩니다. 제가 존경하는 한 경영자가 이런 말을 했던 것이 기억에 남습니다.

"비즈니스에서 복습을 하는 사람은 거의 없다."

정리용 노트로 옮겨 적는 작업은 그야말로 '복습'입니다. 인용한 말처럼 업무를 위해 복습을 하는 사람은 거의 없기 때문에 이 행동을 습관화하면 엄청난 우위를 점할 수 있습니다.

수집한 메모들

매일 적어두었던 메모를 노트에 옮겨 적는 행위만으로도
새로운 아이디어를 발견할 수 있다.

기본 노트는 '루스리프'로

앞부분에서는 정리용 노트를 준비하여 아이디어 조각으로 수집했던 메모들을 옮겨 적는 것의 장점에 대해 소개했습니다. 그런데 이때 제가 애용하는 것이 바로 루스리프입니다.

루스리프는 쉽게 용지를 추가하거나 순서를 바꿀 수 있기 때문에 이 책에서 소개하는 메모나 노트 활용법을 실천하기 위해서는 루스리프를 강력하게 권합니다.

루스리프를 사용하면 자료나 신문 스크랩도 노트와 함께 관리할 수 있을 뿐 아니라, 제목이 달린 탭으로 카테고리를 분류하여 정리할 수도 있기 때문에 기본 노트로 활용하기에도 매우 적합합니다.

보통의 제본 노트에 시간 순서대로 메모를 하다 보면 아무래도 정보가 계속 조각 상태로 남아 있기 쉽습니다. 루스리프의 사이즈는 자신의 취향과 기호에 따라 선택하면 됩니다.

저는 업무 서류 등도 묶어서 보관하는 경우가 많기 때문에 A4 사이즈의 루스리프를 사용하는데, 휴대성이 중요한 경우에는 B5나 A5 사이즈도 좋습니다.

참고로 저는 가죽으로 만든 루스리프 바인더를 애용하는데 가죽 특유의 향과 세월의 변화를 느낄 수 있어 노트를 사용하는 시간이 한층 더 즐거워졌습니다.

마음에 드는 노트를 골라서 쓰면 기분도 좋아지기 때문에 자신의 중요한 파트너라는 생각으로 꼭 마음에 드는 노트를 신중히 골라보길 권합니다.

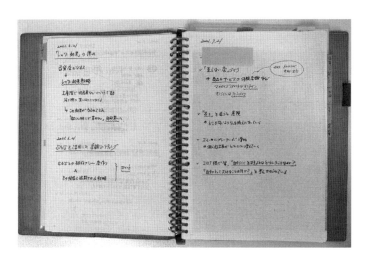

저자가 기본 노트로 애용하고 있는 가죽제의 루스리프(A4 사이즈).
생각에 잠긴 상태로 이 기본 노트에 메모를 옮겨 적는 작업이
아이디어 발상에 꼭 필요한 루틴이 되었다.

노트는
크면 클수록 좋다

노트 크기를 고를 때는 한 가지 더 짚고 넘어가야 할 것이 있습니다.

바로 노트의 크기가 클수록 생각에 잠기기 더 쉽다는 점입니다. 노트를 펼쳐놓고 생각한다고 했을 때, A4와 A5 사이즈 중 하나를 고른다면, A4가 더 유리합니다.

왜냐하면 공간의 제약에 구애받지 않고 자유롭게 메모할 수 있어 그만큼 생각도 더 풍부해지기 때문입니다.

저는 마루만(maruman)에서 나온 '므니모시네(Mnemosyne)'라는 링 노트를 사용하는데, 제가 주로 쓰는 사이즈는 A3라서 꽤 큰 편입니다.

앞에서 소개했듯이 평소에는 A4 사이즈의 루스리프를 애용하지만, 특정 주제에 대해 일단 대충 휘갈겨 쓰면서 머릿속을 정리하고 싶을 때는 이 링 노트를 사용합니다.

A4보다 크기 때문에 공간에 구애받지 않고 오로지 생각에 집중하며 쓸 수 있습니다.

다만, 휴대하기에는 불편한 크기라서 기본적으로는 사무실과 집 서재용으로 사용합니다.

이 노트는 크기뿐만 아니라 종이의 두께도 적당하고 필기감도 좋아서 좋아하는 만년필로 생각을 정리하는 데 매우 적합합니다.

A3 사이즈의 특대형 노트를 활용할 때는 형식이나 쓰는 법에 얽매이지 않고 자유롭게 생각하고 싶기 때문에 마인드맵®을 이용해 기록하는 경우가 많습니다.

마인드맵이란 토니 부잔이 고안한 사고의 표현 방법으로, 머릿속으로 생각하고 있는 것을 뇌에 가까운 형태로 그려나가면서 기억 정리와 발상을 쉽게 할 수 있도록 도와줍니다.

하나의 키워드를 중심에 두고 거기서 연상되는 이미지를 방사형으로 넓혀 선으로 연결하면 됩니다. 일반적으로 생각 정리나 아이디어 도출에 사용되는데, 시험공부나 회의록, 행사 계획 등 다양한 상황에서 활용이 가능합니다.

직장인들뿐만 아니라 최근에는 교육 현장에서도 활용되고 있어 이미 많은 사람들이 알고 있을 거라 생각합니다.

마인드맵을 중심으로 작성된 A3 용지는 내용을 찬찬히 살펴보면서 기본 노트인 루스리프에 옮겨 적기도 하고, 필요에 따라서는 노트에서 잘라내어 그대로 루스리프에 끼워 넣기도 합니다. 루스리프가 A4 사이즈라면 이 A3 용지를 접어서 보관할 수 있다는 점도 장점입니다.

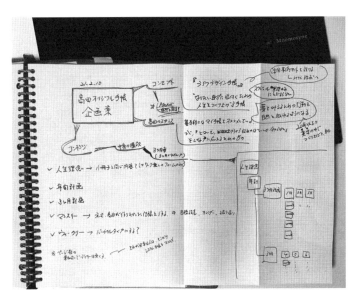

머릿속을 정리하기 위해 A3 링 노트에 적은 메모.
사용할 만한 것은 그대로 노트에서 떼어내어 기본 노트인 루스리프로 옮긴다.
참고로 이 노트에서 탄생한 것이 바로 『꿈을 이루는 라이프 디자인 수첩
(夢をかなえるライフデザイン手帳)』(아스카출판사)이다.

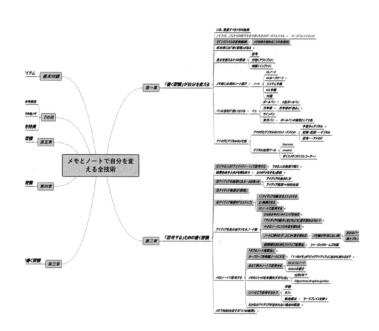

목적에 따라서는 손으로 쓰는 노트가 아닌 디지털 도구를 활용해
생각을 정리하는 경우도 있다. 저자는 'Xmind'라는 도구를 활용했다.
위 그림은 이 책을 구상할 때 작성한 기획안이다.

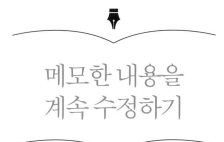

메모한 내용을
계속 수정하기

기본 노트로서 루스리프를 사용하는데 지금까지 '노트 정리', '옮겨 쓰기'라는 표현을 사용했기 때문에 한 번 쓰고 나면 그것으로 끝이라고 생각할지도 모르겠습니다.

하지만 중요한 점은 정리용으로 메모를 옮겨 적은 이후에도 틈날 때마다 가필 및 수정하는 작업을 계속해야 한다는 겁니다.

본연의 목적인 지적 생산 활동이라는 관점에서 보면, 수정 작업을 더 많이 해야 합니다.

나중에 정보를 추가하면서 원래의 정보와 연결고리가 생

기고, 그것을 반복하다 보면 새로운 아이디어로 발전하기 때문입니다.

즉, 아이디어 조각들이 서로 결합하면서 새로운 아이디어가 나온다는 원리가 노트 위에서 그대로 전개되는 것입니다.

따라서 기본 노트를 활용할 때는 여백을 충분히 남겨두고 쓰는 것을 권합니다. 엄격하게 비율을 정할 필요까지는 없지만, 대략 전체의 3분의 1 정도면 괜찮습니다.

가필을 통해 정보를 추가하게 되므로 나중에 페이지를 늘리거나 이동해야 하는 경우가 생기는데, 이때도 루스리프의 장점이 진가를 발휘합니다.

원래 썼던 내용을 수정해야 할 때는 노트가 지저분해지는 것에 신경 쓰지 말고 정보를 업데이트하세요. 다시 한 번 강조하지만, 지적 생산 활동을 목적으로 하는 노트는 굳이 깔끔해야 할 필요가 없습니다.

저자가 쓰고 있는 기본 노트의 한 가지 예시.
2017년 신문 스크랩에 6년 후, 정보를 추가한 것(왼쪽 아래).
한 달 후에도 또 정보를 추가했다(오른쪽 아래).
이렇게 노트 지면상에서 아이디어 조각이 새로운 아이디어로 서서히 발효된다.

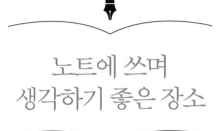

노트에 쓰며
생각하기 좋은 장소

노트를 통해 생각하는 지적 생산 활동, 즉 '생각 시간'을 어디서 보내야 하는지, 그 장소도 매우 중요합니다.

어떤 환경에서 작업하느냐에 따라 집중력뿐만 아니라 아이디어를 샘솟게 하는 정도까지 달라지기 때문에 장소 선정은 매우 중요한 요소입니다.

저는 집에서 작업을 하는 경우가 많기 때문에 생각하는 작업도 주로 집안의 서재에서 합니다.

아침형 인간인 저는 새벽 4시부터 활동하는데, 이른 아침 시간은 누구의 방해도 받지 않기 때문에 특히 집중해서 작업

할 수 있습니다.

하지만 제 경험상 실제로 아이디어가 잘 떠오르는 환경은 왠지 조용한 곳은 아닌 것 같습니다. 물론 사람마다 다르겠지만, 저의 경우에는 패밀리 레스토랑이나 여유로운 분위기의 카페가 생각에 잠기기 좋은 장소입니다.

더 깊은 생각에 빠지기 위해서는 소음과 같은 적당한 자극이 있는 것이 뇌를 더욱 활성화시키는 것 같습니다.

살던 곳을 떠나 새로운 환경에서 요양하는 치료법을 '전지(轉地) 요양'이라고 하는데, 아마도 그 논리에 가까운 것 같습니다.

그래서 저는 외근 중에 잠깐 여유가 생기면 바로 카페나 패밀리 레스토랑에 들어갑니다.

그리고 그동안 남겼던 메모를 바탕으로 생각을 확장하는 작업에 몰두합니다.

물론 틈새 시간뿐만 아니라, '오늘 오전은 생각하는 시간으로 하자'라고 미리 시간을 확보해서 수첩이나 노트를 들고 카페로 갈 때도 있습니다.

집과 직장이 아닌, 마음에 드는 제3의 장소를 서드 플레이스(third place)라고 하는데, 자신에게 맞는 서드 플레이스를 몇 군데 정해두면 일상 속에서 노트를 활용한 생각 시간을 확보하기 쉬워집니다.

그러니 꼭 집이나 직장 근처에서 자신이 좋아하는 제3의 장소를 찾아보세요.

참고로 이 생각 시간은 아무래도 혼자 긴 시간 동안 보내야 하기 때문에, 패밀리 레스토랑의 경우는 혼잡한 식사 시간을 피하거나 생각 시간이 끝나면 식사를 양껏 하고 돌아가는 등 가게를 위한 배려도 잊지 않으려고 노력합니다(웃음).

'노트 다시 보기' 습관이 생기는
두 가지 방법

지금까지 메모와 노트를 활용하여 생각을 확장하고 아이디어로 연결시키는 지적 생산 방법에 대해 설명했습니다.

'일상에서 얻은 깨달음을 메모로 남기고 노트에 옮겨 적음으로써 아이디어 조각을 수집하면, 그것들을 결합하여 쓸 만한 아이디어로 키울 수 있다.'

한 마디로 이런 내용인데, 여기서 전제가 되는 것이 틈틈이 노트를 다시 보는 것이 습관이 되어야 한다는 점입니다.

막상 노트를 활용해보고 싶어도 바쁘다는 이유로 노트를 다시 꺼내보는 행위 자체가 지속되기 어렵습니다. 습관이 되어 있지 않기 때문입니다.

그래서 여기서는 '노트를 다시 보는 습관'을 만들어주는 두 가지 방법을 소개하겠습니다.

① '생각 시간'을 따로 정해서 본다

첫 번째 방법은 노트 보는 시간을 미리 정해놓고 그 시간에는 다른 모든 것을 차단하는 것입니다.

저는 매일 아침 30분 정도(길면 60분)를 들여 노트를 뒤적거리거나 써놓은 메모를 노트에 옮겨 적습니다.

아침마다 애용하는 수첩에 그날 하루 계획을 세우는 것부터 시작해서, 그게 끝나면 '생각 시간'이라는 이름으로 무조건 기본 노트를 펴고 생각에 잠깁니다. 이것이 저의 모닝 루틴입니다.

시간이 생겼을 때 하는 것이 아니라 '언제, 어느 정도의 시간을 투자할 것인가'를 미리 정해서 스케줄에 넣어두는 것이 습관으로 만드는 가장 좋은 방법입니다.

적당한 시간은 역시 머리가 맑고 아이디어가 떠오르기 쉬운 이른 아침입니다. 그렇다고 꼭 이 시간을 고집할 필요는 없고, 자신의 생활 리듬에 맞춰서 익숙해지기 쉬운 시간대로 루틴을 만들어보세요.

② 꼭 좋아하는 노트를 사용한다

두 번째 방법은 물건의 힘을 빌리는 것입니다.

자신이 좋아하는 노트나 펜을 통해 그 문구류를 사용하는 것 자체로 소소한 행복을 느끼게 만드는 것입니다.

저는 앞서 소개한 가죽제의 루스리프를 기본 노트로 활용하고 있는데, 노트를 펼쳤을 때 은은하게 풍기는 가죽 향이 말로 표현할 수 없는 자극이 되어 제 안의 ON 스위치를 켜줍니다.

사용할수록 자연스럽게 색이 깊어지는 것도 가죽 특유의 매력입니다. 쓰면 쓸수록 멋이 생기기 때문에 그 가죽 노트를 펴고 생각에 잠기는 시간 자체가 큰 즐거움입니다.

이런 소소한 즐거움이 노트를 다시 보는 습관을 만드는 데 큰 도움이 됩니다.

그래서 이미 집에 있는 노트로 시작하기보다는 기왕이면 동반자를 고른다는 마음으로 신경 써서 문구류를 골라보는 것이 좋습니다.

3장

상위 1%의
독서법

책을 내 몸으로 체화하는 방법

독서야말로
최고의 자기 투자

저는 독서만큼 비용 대비 효과가 높은 자기 투자는 없다고 생각합니다.

비즈니스 책의 경우 책값은 대체로 1200~1800엔 정도입니다. 한 권에 고작 1500엔 내외의 투자로 저자가 몇 년 동안 쌓은 지식과 경험을 배울 수 있으니 이보다 더 저렴한 자기 투자는 없는 거 아닐까요. 제가 스무 살에 읽은, 제 인생을 크게 바꾼 책의 가격은 1390엔이었습니다. 단돈 1390엔으로 인생이 바뀔 수도 있는 것입니다.

그런데 요즘 현실은 어떨까요?

문화청 조사에 따르면, 우리나라의 평균 독서량은 연간 12~13권으로, 한 달에 한 권도 읽지 않는 사람이 47%, 1~2권은 38%, 3~4권은 9%, 5~6권은 3%, 7권 이상 읽는다고 답한 사람이 3% 정도라고 합니다.

책을 한 달에 한 권도 읽지 않는 사람이 거의 절반인데, 한 달에 1~2권 미만이라고 답한 사람까지 포함하면 전체의 85%가 거의 책을 읽지 않는 게 현실입니다.

그런데 비즈니스 잡지 〈프레지던트〉의 독서 관련 설문조사를 보면 연소득 1000만 엔 이상의 고소득층은 한 달 평균 7권의 책을 읽는 것으로 소개되었습니다.

국세청의 '민간급여실태 통계조사'에 따르면, 연봉 1000만 엔을 초과하는 고소득자의 비율은 약 4%입니다. 즉, 단순하게 생각하면 한 달에 7권 이상 책을 읽으면 상위 4% 대열에 합류할 수 있다고 볼 수도 있습니다.

마이크로소프트의 창업자 빌 게이츠는 매일 밤 자기 전에 책 한 권 읽는 것이 습관이라고 합니다. 그뿐만 아니라 산장에 틀어박혀 집중적으로 책을 읽는 '생각 주간(Think Week)'이라는 이름의 독서 주간을 연 2회 마련하여 회사 경영과 인생에 도움을 받고 있다고 합니다.

이렇듯 훌륭한 경영자나 성공한 사람들은 대부분 열렬한

한 달 동안 읽는 책의 양

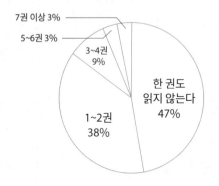

7권 이상 3%
5~6권 3%
3~4권 9%
1~2권 38%
한 권도 읽지 않는다 47%

【출처】
문화청(https://www.bunka.go.jp/koho_hodo_oshirase/hodohappyo/1422163.html

독서가인 경우가 많습니다. 유니클로의 야나이 다다시 씨, 호시노 리조트의 호시노 요시하루 씨, 사이버 에이전트의 후지타 스스무 씨 등 제가 존경하는 경영자들은 모두 예외 없이 독서가로 유명합니다.

자신의 생각이나 직감에만 의지해 살기보다는 독서를 통해 선인들의 지혜와 경험을 받아들이며 살아가는 것이 삶을 더 풍요롭게 한다는 것은 자명합니다.

저 역시 스무 살 이전까지는 책을 제대로 읽어본 적이 없는 사람이었기에 큰소리칠 입장은 아니지만, 현재는 독서야말로 최고의 자기 투자라는 생각으로 많을 때는 연간 200권 정도의 책을 읽고, 거기서 배운 것을 비즈니스와 사생활에 활용하려고 노력하고 있습니다. 주로 읽는 책은 이른바 비즈니스 도서입니다.

독서에도 메모와 노트를 활용한 쓰는 습관이 큰 도움이 됩니다. 이번 장에서는 책의 내용을 완전히 내 것으로 만드는 방법에 대해 자세히 설명하겠습니다.

책이 너덜너덜해질 정도로
읽고 메모하기

모처럼 돈을 주고 구입한 책이니만큼 최대한 더럽히지 않고 깨끗하게 읽고 싶어 하는 사람이 많습니다. 하지만 책의 내용을 완전히 내 피와 살로 만들고 싶다면 이제 그런 생각은 버려야 합니다.

중요한 부분에는 반드시 밑줄을 긋고, 필요한 경우에는 메모를 하고, 페이지 모서리를 접어서 표시를 합니다.

이렇게 하면 기억에 더 잘 남을 뿐만 아니라 나중에 독서 노트를 작성할 때도 매우 효율적입니다. 나중에 중고 책방에 팔지 못하게 되면 어쩌나 하는 걱정은 할 필요가 없습니다.

그렇게 팔고 싶은 마음이 드는 책은 애초에 그 정도의 가치가 없기 때문입니다.

저는 독자들을 직접 만날 기회가 꽤 있는데, 제 책에 메모를 하거나 접혀서 너덜너덜해진 모습을 보면 '와 정말 열심히 읽어주었구나'라는 생각에 기쁘고 뿌듯한 마음이 듭니다. 이게 바로 저자라서 맛볼 수 있는 행복이겠죠.

이제 구체적으로 설명해보겠습니다.

우선, 책을 읽으면서 중요하다고 생각되는 곳에 밑줄을 칩니다. 이때 자를 대고 깔끔하게 하려는 생각은 하지 마세요. 너무 비효율적이기도 하고, 선을 예쁘게 긋는 것은 아무런 의미가 없습니다.

밑줄을 칠 부분이 많을 때는 모든 문장에 선을 긋지 말고, 전체를 사각형으로 둘러쌉니다. 매우 중요한 부분이나 눈에 띄게 하고 싶은 부분은 별(★) 표기를 하고, 필요에 따라 페이지 여백에 메모를 추가합니다.

책을 읽다가 갑자기 영감을 얻는 경우가 종종 있는데, 그럴 때는 뒤표지 등 여백이 많은 부분에 메모를 합니다.

마지막으로 밑줄을 치거나 메모를 한 페이지는 상단 모서리를 안쪽으로 접어둡니다.

이렇게 해야 나중에 쉽게 찾을 수 있습니다. 페이지의 모서리를 안쪽으로 접은 모양이 개의 귀를 닮았다고 해서 '도그 이어(dog-ear)'라 불리기도 합니다.

바로 다시 보고 싶은 부분 등 중요한 페이지의 경우는 하단 모서리도 접어둘 때가 있습니다.

그래서 좋은 책일수록 밑줄이나 메모가 많아지기 때문에 접힌 모서리로 가득한 책이 됩니다.

모서리를 접지 않고 포스트잇을 사용하는 방법도 있지만, 저는 매번 포스트잇을 준비하는 것이 귀찮아서 거의 사용하지 않습니다. 이 점은 개인의 취향이니 자유롭게 사용하세요.

저의 서재에 있는 책들은 모두 밑줄과 접힌 부분으로 가득 차 있습니다. 뒤표지나 여백은 메모로 가득합니다.

저는 읽을 책은 도서관에서 빌리지 않고 직접 사서 읽어야 한다고 생각하는데, 빌린 책으로는 여기서 소개한 독서법을 실천할 수 없기 때문입니다.

책이 너덜너덜해질 정도로 읽고 메모하는 것.

이것이 배운 것을 내 피와 살로 만들기 위한 독서법입니다.

요약력이 좋아지는
3색 볼펜 독서법

저는 3색 볼펜으로 밑줄을 치며 책을 읽습니다.

정확히는 검정, 빨강, 파랑, 녹색으로 이루어진 4색 볼펜(미쓰비시 제트스트림)이기는 하지만, 밑줄을 치거나 메모할 때는 검정색을 사용하지 않으므로 3색 볼펜이라고 해두겠습니다.

제가 책을 읽을 때 3색 볼펜을 사용하게 된 계기는 약 20년 전에 읽은 『3색 볼펜 읽기 공부법』(사이토 다카시 저, 류두진 역, 중앙북스, 2016)이라는 책이었습니다.

이 책에 나오는 '3색 볼펜 방식'이란, 객관적으로 가장 중요한 것은 빨강, 약간 중요한 것은 파랑, 주관적으로 재미있다고 느끼거나 흥미를 느낀 것은 녹색, 이렇게 색상을 정해서 밑줄을 치거나 메모를 남기는 간단한 방법입니다.

빨강 : 객관적으로 가장 중요한 것.

파랑 : 객관적으로 약간 중요한 것.

녹색 : 주관적으로 재미있다고 느낀 것, 흥미를 느낀 것.

포인트는 주관과 객관이라는 분류 기준입니다. 3색 볼펜을 이용해 의식적으로 주관과 객관을 재깍재깍 바꿔가면서 사물을 파악하는 것은 논리적 사고력을 키워줍니다.

정보를 자신의 필터를 통해 한번 씹어보고 나서 의견과 생각으로 연결시키는 아웃풋 능력 향상에도 역시 도움이 됩니다.

빨강과 파랑으로 밑줄을 친 부분은 객관적으로 중요하다고 판단되는 부분이기 때문에 기본적으로는 누가 읽어도 똑같은 부분에 밑줄을 쳐야 하는 부분입니다.

밑줄을 빨강으로 칠 것인가, 파랑으로 칠 것인가. 그 중요성에 대한 판단은 개인마다 차이가 있겠지만, 어느 쪽이든 객관적으로 봤을 때 중요하게 여겨야 한다는 의미에서는 누구나 비슷한 부분에 밑줄을 칠 것입니다.

이 빨강과 파랑으로 중요성을 결정하는 것은 요약력 향상에도 도움을 줍니다.

예를 들어 직장에서 상사가 "시간이 없으니 요점만 알려달라"고 했을 때, 알기 쉽고 간결하게 전달할 수 있는 사람은 빨강을 잘 뽑아낼 수 있는 사람이겠죠. 그것이 바로 요약력입니다.

과제 도서를 읽고 리포트를 제출해야 한다고 가정해봅시다. 이런 경우에도 이 3색 볼펜이 위력을 발휘합니다.

빨강으로 밑줄을 친 부분만 정리하면 요약판 보고서가 완성됩니다. 조금 더 많은 정보를 추가해야 할 경우에는 파랑으로 밑줄을 친 부분을 더하면 더 확실한 버전의 보고서가 완성됩니다. 여기에 녹색 부분, 즉 자신의 독창적인 관점도 추가할 수 있다면 완벽한 보고서가 될 것입니다.

이 3색 볼펜 방식으로 독서를 할 때 가장 중요한 것은 녹색으로 밑줄을 친 부분입니다.

앞서 설명했듯이 녹색은 주관적으로 재미있다고 느끼거나 흥미를 느낀 것입니다. 2장에서 소개한 아이디어로 연결되기 쉬운 것은 바로 이 녹색 부분입니다. 따라서 녹색 밑줄이나 메모가 많은 책일수록 일이나 사생활에 활용할 수 있는 내용이 많은 책이라고 평가할 수 있습니다.

아무리 많은 책을 읽어도
변화가 없다면?

아무리 책을 읽고 지식으로 무장한들 안타깝게도 지금은 지식의 양만으로는 승부할 수 없는 시대입니다.

인터넷 검색만 하면 무엇이든 쉽게 알 수 있는 시대이기 때문입니다.

많은 지식을 갖고 있는 것, 많은 정보를 갖고 있는 것만으로는 승부를 보기 쉽지 않습니다. 중요한 건 자신이 알고 있는 지식을 '어떻게 행동으로 옮길 것인가'입니다.

생각해보면 책을 읽을 때는 지식을 얻고 동기부여가 될 때가 많지만 읽는 그 순간뿐이고 시간이 지나면서 아무것도 변하지 않고 그대로인 경우도 의외로 많지 않나요?

그렇게 되지 않으려면 한 권의 책을 읽더라도 읽은 후에 하는 활동이 중요합니다. 그 활동이란 바로 독서 노트를 작성하는 것입니다. 이것을 '독서 후 보강 작업'이라고 불러도 좋을 것 같습니다. 이런 이야기를 하면 꼭 "노트를 만들 시간이 있으면, 그 시간에 다른 책을 읽는 게 낫다", "노트를 만드는 시간이 아깝다"고 말하는 사람들이 있습니다.

물론 이미 독서를 통해 얻은 지식을 일이나 사생활에 충분히 활용하고 있다면, 굳이 노트 작성에 시간과 노력을 들일 필요는 없습니다.

하지만 '아무리 책을 읽어도 인생에 도움이 안 되는 것 같다'는 생각을 한 적이 있다면, 반드시 독서 노트에 시간을 투자해야 합니다.

그렇다고 흔히 하기 쉬운 '책의 중요 부분을 모두 노트에 옮겨 적는다'는 식의 번거롭고 시간이 걸리는 방법은 권하지 않으니 안심하세요.

독서 노트 작성의 가장 큰 포인트는 바로 시간을 너무 많이 들이지 않는 것입니다.

30분이나 1시간 정도로 자신만의 시간을 정해놓고 그 이상의 시간은 들이지 않아야 지속할 수 있습니다.

중요한 것은 독서를 통해 얻은 배움과 깨달음을 실제 행동으로 연결해 내 몸으로 체화시키는 것이지 완벽한 노트를 만드는 것이 아닙니다.

책으로 삶을 바꾸는
'3줄 노트 독서법'

독서 노트를 쓰는 방법 중 하나는 3줄 노트 독서법입니다.

책에서 얻은 배움과 깨달음 중에 '내가 행동으로 옮기기로 결정한 것'을 세 가지만 적어두는 아주 간단한 방법입니다.

3색 볼펜을 이용해 중요 부분에 밑줄을 치거나 메모를 남긴 수많은 페이지 중에서 단 세 가지로 압축하여 노트(전용 포맷을 인쇄한 용지)에 적습니다.

이 3줄 노트는 제가 존경하는 분의 책에서 "일반적인 비즈니스 도서는 한 권당 약 3000개의 문장으로 이루어져 있다. 그중 단 한 문장이라도 얻을 만한 것이 있다면 그것으로 책의 가치는 충분하다"라는 글을 읽고 영감을 받아 만든 것입니다.

독서는 자신에 대한 투자이기 때문에 '무언가 행동으로 옮기지 않으면 수익을 얻을 수 없다'는 생각에서 나온 방법이었습니다. 저도 예전에는 읽은 책의 중요 부분을 노트에 꼼꼼히 정리하던 시절이 있었는데, 그때 다음과 같은 고민을 했습니다.

① 책의 내용을 깔끔하고 포괄적으로 정리하려다 보니 결국 지속되지 않는다.
② 지속되지 않기 때문에 책에서 얻은 것을 행동으로 옮기기 어렵다.
③ 행동으로 옮기지 않기 때문에 읽은 내용을 활용하고 있다는 실감이 나지 않는다.

그래서 '행동으로 연결시킨다'는 목적에 초점을 맞추기 위해 포맷을 단순화해서 3줄 노트를 만든 것입니다. 이 노트를 쓰면서 '책 한 권을 읽은 후 세 가지만은 반드시 행동으로 옮긴다'는 것을 마음에 되새기는 거죠. 여기서 딱 세 가지만 꼽도록 정한 이유는 이것저것 다 하려고 하다 보면 결국 행동으로 옮기지 못하기 때문입니다.

한 권에 1500엔 전후인 비즈니스 도서를 읽은 후 세 가지를 찾아내 행동으로 옮기기로 결정했다면 '원금은 회수했다'고 명쾌하게 단언할 수 있습니다. 이런 말을 하면 "한 권에서 고작 세 가지뿐이라니 아깝지 않나요?"라고 말하는 사람도 있을 겁니다. 하지만 책을 읽고 나서 내 삶에 아무런 변화가 없다면 그게 훨씬 더 아까운 거 아닐까요?

단 한 권의 책에서 얻은 작은 깨달음 한 가지를 행동으로 옮긴 후, 결과적으로 큰 기회를 얻은 경험이 있는 저로서는 그렇게 생각합니다.

저는 이 3줄 노트를 평소 애용하는 시스템 다이어리의 리필 용지에 인쇄해서 쓰고 있습니다.

일상적으로 들고 다니는 다이어리에 끼워두면 시간이 날 때마다 틈틈이 확인할 수 있을 뿐만 아니라, 그대로 스케줄 칸에 '행동 예정'으로 끼워 넣을 수도 있습니다.

책은 읽고 나면 끝이 아니라 제대로 행동으로 옮겨 실천해야만 배운 내용을 비로소 자신의 피와 살로 만들 수 있습니다. 3줄 노트는 이를 위한 한 가지 도구입니다.

3줄 노트 독서법

책 제목		저자명	날짜	평가
*포인트(행동으로 옮길 세 가지)				
①				
②				
③				

책 제목		저자명	날짜	평가
*포인트(행동으로 옮길 세 가지)				
①				
②				
③				

책 제목		저자명	날짜	평가
*포인트(행동으로 옮길 세 가지)				
①				
②				
③				

3색 볼펜으로 밑줄과 메모를 남긴 중요한 내용 중에서
행동으로 옮기기로 마음먹은 것을 딱 세 가지로 압축해서 적는다.

독서 효과를 극대화하는
'아웃풋 독서 노트'

제 경험상 이 3줄 노트에 익숙해지면 책에서 얻은 것을 '좀 더 많이 쓰고 싶다'는 욕심이 생깁니다.

그런 사람에게 추천하고 싶은 것이 바로 두 번째 독서 노트 인 '아웃풋 독서 노트'입니다.

아웃풋 노트는 가미오카 마사아키 씨의 책 『부자들의 초격 차 독서법』(장은주 역, 쌤앤파커스, 2021)에 소개된 것으로, 3줄 노트와 거의 똑같은 발상인 것에 대단히 감명을 받아 실천하 게 되었습니다.

아웃풋 노트는 3색 볼펜으로 밑줄이나 메모를 남긴 중요

내용 중에서 대여섯 개, 많게는 열 개 정도를 유출하여 항목별로 적는 방식입니다.

즉, 단호하게 세 가지로 압축하는 3줄 노트 독서법에 비해 좀 더 많은 것을 뽑아내는 것이 이 아웃풋 독서 노트입니다. 쓰는 방법은 다음 4단계로 나뉩니다.

① 독서의 목적을 쓴다.

② 책의 제목을 쓴다.

③ 책에서 얻은 핵심, 본질을 20자 이내로 쓴다.

④ 행동 계획과 구체적인 행동을 항목별로 쓴다.

좋은 책일수록 밑줄과 메모를 남긴 페이지가 많기 때문에 어느 것을 노트에 적어야 할지 고민될 때가 많습니다. 하지만 ①에서 제시한 바와 같이 먼저 그 책을 읽는 목적을 명확히 하고 나면, 그 목적에 맞는 핵심 내용을 추출할 수 있기 때문에 고민할 필요가 없습니다.

책에서 추출하는 핵심 내용은 대여섯 개 정도, 한 개당 20글자 이내로 제한하면 매우 간단하고 번거롭지 않아 부담 없이 계속할 수 있습니다.

무엇보다 중요한 것은 최종적으로 핵심 사항을 행동으로

전환시키는 ④이며, 3줄 노트 독서법과 같은 맥락입니다.

이렇게 써내려간 아웃풋 독서 노트는 당신의 인생 바이블이라고도 부를 수 있는 행동 계획 전집이 됩니다. 그 행동 계획을 스케줄에 넣어 하나하나 차근차근 실행하다 보면 자연스레 독서를 통해 얻은 배움과 깨달음이 내 몸으로 체화될 겁니다.

독서로 표현력을 높이는 '어휘 리스트'

하고 싶은 말, 전하고 싶은 말은 머릿속에 있는데, 적절한 단어가 떠오르지 않을 때가 있죠.

이런 경험은 누구나 한 번쯤 해봤을 것입니다.

메이지대학의 문학부 교수인 사이토 다카시 씨의 표현에 따르면, 현대는 어른의 어휘력이 위기를 맞은 시대라고 합니다. 이메일과 SNS가 전성기를 맞이한 지금, 일상과 업무에서 모두 느슨하거나 아이 같은 말투를 쓰는 사람이 많아졌습니다. 사회인답지 못해서 손해를 보는 사람이 늘어나고 있다는 말입니다.

저 역시 세미나나 강연회 등 사람들 앞에서 말을 할 기회가 많기 때문에 어휘력과 표현력 향상이 늘 과제 중 한 가지로 남아 있습니다.

이때 도움이 되는 것이 '어휘 리스트'입니다.

책을 읽다 보면 처음 보는 단어나 이해하기 쉬운 좋은 표현을 발견할 때가 있습니다. 이럴 때는 바로바로 메모로 남겨둡니다.

저는 애용하는 시스템 다이어리에 어휘 리스트와 항목명이 적힌 리필 용지를 끼워놓고 메모를 해둡니다. 여기에는 몰랐던 표현뿐만 아니라 궁금했던 단어의 정의 등도 적습니다. 이 메모가 쌓이면 이른바 저만의 어휘 사전이 됩니다. 적당한 말이 생각나지 않아 답답할 때는 바로 이 어휘 리스트를 꺼내 확인합니다.

현대는 업무 현장에서도 메일이나 메신저, 채팅 어플 등을 이용해 문장으로만 소통하는 경우가 상당히 많습니다. 어휘 리스트는 그런 시대를 살아가는 당신을 도와주는 강력한 메모가 될 것입니다.

어떤 책을
골라야 할까?

매년 200권 정도의 책을 읽다 보면 그중에는 별로인 책도 꽤 있습니다. 게다가 전자책 등을 중심으로 출판의 문턱이 낮아졌기 때문인지, 소위 말하는 졸작도 많아졌다는 것이 솔직한 의견입니다.

그래서 이번 파트에서는 그동안 제가 경험을 통해 터득한 '책 고르는 방법'에 대해 설명하려고 합니다.

① 목적을 명확히 하기

우선은 목적을 갖고 책을 선택하는 것이 중요합니다. 독서는 어디까지나 수단이기 때문입니다. 여기서 말하는 목적이란 앞서 1장에 나오는 '깨닫는 힘'을 키우는 방법(92쪽 참조)에서 소개한 '과제'와 같은 의미라고 보면 됩니다.

현재 자신의 과제를 해소하는 것, 또는 과제 해소를 위한 힌트를 얻는 것이 목적이라고 할 수 있습니다. 그 목적이 명확하다면 지금 나에게 필요한 책을 명확하게 알 수 있습니다.

② 저자 프로필과 서평 체크하기

목적이 확실히 정해졌다면, 그 주제에 맞는 분야 중에서 실제로 구매할 후보를 골라봅시다.

오프라인 서점이라면 해당 분야의 책장에서, 온라인 서점이라면 판매 페이지에서 후보를 찾습니다. 분야에 따라서는 비슷한 책들이 너무 많을 수도 있습니다.

기본적으로는 내용을 대충 훑어보고 자신이 읽기 쉬워 보이는 책을 고르면 됩니다.

이른바 '서서 읽기'가 가능한 오프라인 서점에 비해 온라인 서점의 경우는 궁리를 조금 더 해야 합니다.

최근에는 온라인 서점에서도 내용의 일부를 확인할 수 있게 되었지만, 모든 내용을 다 훑어볼 수 있는 것은 아닙니다. 그래서 온라인 서점에서는 다음 두 가지를 체크하여 판단합니다.

저자 프로필

표지 안쪽이나 판권 페이지에 나와 있는 저자의 프로필을
보고 그 저자가 그 책의 주제 및 분야에서 얼마나 많은 지식을
갖고 있는지, 얼마만큼의 업적을 남긴 사람인지 확인합니다.
그 주제나 분야에서 일인자라고 할 수 있는 저자일수록 책의
내용이 허술하지 않을 가능성이 높다고 생각하면 됩니다.

서평, 댓글

다음으로 서평 및 댓글을 확인합니다. 선정 기준이 되는 서
평 수는 100건 이상입니다.

출간된 지 얼마 안 된 책의 경우는 좀 더 적게 산정해도 무
방합니다. 서평에서 흔히 볼 수 있는 5단계 평가 중 별(★)이
몇 개냐가 중요하다는 관점도 있지만, 그보다는 건수가 더 중
요합니다. 평가 건수가 많다는 것은 그만큼 지지를 받고 영향
력을 행사하고 있다고 볼 수 있기 때문입니다.

지지하는 숫자가 많으면 일정 비율로 비판적인 댓글이나
평가가 나오기 마련입니다. 그래서 저는 혹평이 좀 있어도 신
경 쓰지 않습니다. 서평이 백 개인데 평균 평점이 별 한 개인

극단적인 경우는 예외지만, 그렇지 않은 이상 대체로 서평 개수로 판단하는 것을 권합니다.

물론 서평이 100건 미만의 책은 구매할 가치가 없다는 말은 아닙니다. 다만 빠르고 확실한 판단을 내리기 위한 기준으로 참고만 하시기 바랍니다.

③ 다른 의견 참고를 위해 여러 권 사기

책을 구입할 때 한 분야당 꼭 한 권의 책으로만 한정해야 하는 것은 아닙니다. 오히려 주제에 따라서는 한 권만 읽으면 편견이 생길 수 있기 때문에 일부러 여러 권을 읽어야 하는 경우도 있습니다.

이것은 마치 병에 걸렸을 때 한 의사의 말만 맹신하지 않고 다른 의사의 의견을 물어보는 것과 같습니다. 여러 저자의 책을 읽어야 비로소 본질이 보이는 경우도 있기 때문입니다.

④ 고전 명저 선택하기

책을 고를 때 제가 항상 주목하는 것은 출간된 지 꽤 오랜 시간이 지났는데도 서가에 꼭 한 권씩은 꽂혀 있는 책입니다. 이른바 고전 명저입니다.

이런 책들은 유행의 파도를 뛰어넘어 정석으로서 살아남

왔다는 것을 보여줍니다.

제가 만약 영업직에 종사하는 사람이고, 안정적인 영업 실적을 내는 것이 과제라고 가정해봅시다. 서점의 세일즈 관련 서가에는 정말 많은 책들이 진열되어 있는데, 여기서 저는 최신 세일즈 기법이 소개된 신간이 아닌, 오래전부터 여러 사람이 읽었던 고전 명저를 우선적으로 선택할 겁니다.

구체적인 예를 들면 프랭크 베트거의 『실패에서 성공으로』(최염순 역, 씨앗을 뿌리는 사람, 2005)는 일본에 처음 출간된 것이 1964년으로, 출간된 지 60년이 지났음에도 불구하고 여전히 베스트셀러로 팔리고 있는 영업 바이블입니다.

이 책은 영업직 종사자는 물론, 업종을 불문하고 다양한 비즈니스 현장에서 활용할 수 있는 내용이기 때문에 지금까지도 꾸준히 회자되고 있습니다.

물론 이것이 적용되지 않는 경우도 있습니다. 바로 트렌드성이 강한 주제인 경우, 예를 들면 'SNS 마케팅' 등이 이에 해당합니다. 이런 주제는 유행의 영향이 심하고, 시대의 흐름에 따라 내용이 계속 업데이트되기 때문에 가급적 출간된 지 얼마 안 된 신간을 선택해야 합니다.

책 선택은
주제에 따라 달라진다

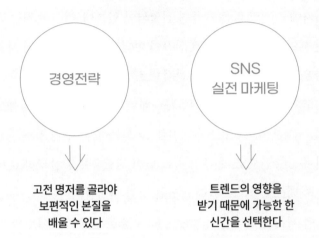

경영전략

SNS
실전 마케팅

고전 명저를 골라야
보편적인 본질을
배울 수 있다

트렌드의 영향을
받기 때문에 가능한 한
신간을 선택한다

적독(積読)으로
다독하기

적독(積読)이라는 말이 있습니다. 책을 구입하고 언젠가 읽어야지라고 생각은 하면서도 그냥 쌓아놓고 아주 천천히 읽는 것을 말합니다. 저는 책에 관해서는 '조금이라도 마음에 들면 바로 구매한다'고 정해뒀기 때문에 지금 당장 읽지 않더라도 나중에 꼭 읽을 것 같은 책은 계속해서 구매합니다. 그래서 제 책상 위에는 늘 읽지 않은 책이 산더미처럼 쌓여 있습니다.

이렇게 하는 이유는 제 독서 스타일이 '병독倂読 : 두 종류 이상의 책, 신문을 아울러 봄 - 옮긴이'이기 때문입니다.

제가 이런 방식으로 책을 읽게 된 것은 금방 질리고 지루함을 쉽게 느끼는 성격 때문일지도 모릅니다. 하지만 어떤 성격이든 병독은 매우 효율적인 독서법이기 때문에 추천합니다.

그때그때 기분에 맞는 책을 골라 읽으면 됩니다. 자기 전에 침대에서 읽고 싶은 책이 있는가 하면, 전철로 이동할 때 읽고 싶은 책도 있습니다. 며칠 동안 한 권의 책만 집중해서 읽는 시기에도 기분 전환을 위해 다른 책을 읽는 경우가 종종 있습니다.

이처럼 그때그때 자신의 기분에 맞는 책을 선택함으로써 효율적이고 효과적으로 책을 읽을 수 있습니다. 이것이 병독의 장점입니다.

자신이 지금 안고 있는 문제에 대한 해결책을 찾기 위해 그 문제와 관련된 특정 주제의 책을 대여섯 권씩 쌓아두고 일정 기간 동안 병행해서 읽기도 합니다.

그리고 또 한 가지, 책상 위에 쌓여 있는 것은 앞으로 읽을 책뿐만 아니라 '독서 노트 작성을 기다리는 책'도 있습니다. 독서 노트는 책 한 권을 다 읽을 때마다 바로 작성하는 것이 가장 좋지만, 실제로는 여러 권을 한꺼번에 작성하는 경우도 종종 있습니다.

이 때문에 책장에 꽂혀 있는 책은 모두 독서 노트 작성까지 끝난 책들입니다.

적독이라고 하면 '읽어야지 읽어야지 하면서도 좀처럼 읽지 못하는 상태'라는 부정적인 이미지일 수도 있지만, 한편으로 생각하면 '적독은 지적 욕구의 거울'이기도 합니다.

이 말은 구입한 책이 쌓여 있는 상황은 자신이 배우고 싶은 것이나 알고 싶은 것을 거울처럼 비추고 있다는 뜻입니다. 지식욕을 지켜주는 독서 스타일이기 때문에 저는 긍정적인 것으로 받아들이고 있습니다.

'지금 읽고 있는 책을 다 읽어야 다음 책으로 넘어갈 수 있다.'

이런 고정관념을 가진 사람이라면 꼭 한번 시도해보길 권합니다.

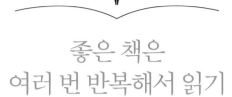

좋은 책은
여러 번 반복해서 읽기

앞에서 한 권의 책에서 행동으로 옮겨야 할 점을 세 가지만이라도 뽑아낼 수 있다면 원금은 회수한 거라고 말했는데, 어떤 책은 두 번, 세 번 반복해서 읽는 경우도 있습니다.

특히 고전 명저라고 불리는 책일수록 그런 경우가 많습니다.

예를 들어 데일 카네기의 책들은 출간된 지 70년 이상이 지났지만 여전히 읽히고 있는 세계적인 명저들입니다. 이런 명저는 한 번 읽었더라도 시간이 흐른 후에 다시 읽으면 전혀 다른 곳에서 새로운 깨달음과 교훈을 얻을 수 있습니다. 시험 삼아 같은 책을 몇 년 후에 다시 읽고 3줄 노트로 정리해보세요.

행동으로 옮기고 싶다고 고른 세 가지가 분명 이전과 달라져 있을 겁니다.

그 이유는 자신이 이전보다 성장했기 때문입니다.

사람은 또한 그때그때 안고 있는 과제나 목표가 달라집니다.

계속 성장하고 있기 때문에 같은 책을 읽어도 밑줄 치는 부분이나 감명받는 부분이 달라지는 것입니다.

이렇게 몇 번을 읽어도 그때마다 또 다른 것을 배울 수 있는 좋은 책은 그리 많지 않지만, 제 경험상 역시 오랜 기간 읽힌 고전 명저일수록 그런 경향이 있습니다.

이번 장 끝부분에 제가 추천하는 책 목록을 소개하니, 앞으로 책을 고를 때 꼭 참고해주세요.

고전을 통해
인간력 키우기

저는 인간으로서의 소양을 키우기 위해서도 고전을 읽길 권합니다.

고전이라고 하면 고등학생까지만 공부하고 끝내는 '의미를 잘 알 수 없는 것'으로 생각할지도 모르겠습니다. 왜냐하면 예전의 제가 그랬기 때문이죠.

하지만 고전은 일시적인 화제의 책이 아니라 오랜 시간 동안 많은 사람들에게 읽혀온 최강의 베스트셀러입니다.

이토록 발전한 현대에도 여전히 남아 있다는 것은 많은 사람들이 영향을 받은 '공통의 지식'을 습득할 수 있는 교양이기 때문입니다.

　그중에는 '이 책의 어떤 점이 재미있다는 걸까'라는 의문이 드는 책이 있는 것도 사실입니다.

　하지만 고전을 즐기지 못하는 것은 인간으로서의 그릇이 아직 미숙하기 때문일 수도 있습니다. 재미가 없다는 것도 매력의 한 가지로 받아들이고 읽어보길 권합니다.

　저는 회사 경영을 하고 있어서 그런지 비즈니스에도 응용하기 좋은 『손자병법』이나 마키아벨리의 『군주론』을 즐겨 읽습니다. 인간으로서 지켜야 할 도덕을 간결한 말로 기록한 『논어』도 삶의 지침을 알려주기 때문에 추천합니다.

　고전은 대부분 옛말로 쓰여 있기 때문에 현대를 살아가는 우리가 읽기에 결코 쉬운 책이라고는 할 수 없습니다.

　그런 고전을 읽는 요령은 바로 앞서 말한 적독에 있습니다. 그냥 책상 위에 쌓아두는 것이 아니라 수면 유도용으로 침대 옆에 놓아두거나 시간이 날 때 틈틈이 볼 수 있게 거실 탁자 위나 화장실에 놓아두세요. 병원에서 대기 중에 읽는 잡지처럼 가벼운 마음으로 훑어보다가 의외로 다 읽어버릴 수도 있습니다.

　갑자기 스위치가 켜진 것처럼 고전을 즐길 수 있는 순간이 찾아오니 신기한 일입니다.

고전은 인간으로서의 폭과 깊이를 넓혀주는 더 이상 바랄 게 없는 책입니다.

고전을 즐기는 자기만의 방법을 찾아보시길 바랍니다.

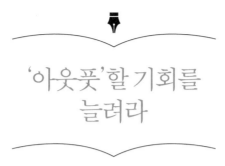

'아웃풋'할 기회를
늘려라

여기까지 읽었다면 '책은 아웃풋을 전제로 읽는 것'이라는 점을 충분히 이해했을 겁니다.

'3줄 노트 독서법'과 '아웃풋 독서 노트' 모두 결국은 실제 행동으로 연결하는 것이 목적이고, 그래야만 독서에 투자한 돈과 시간을 회수할 수 있습니다.

그런 아웃풋을 전제로 한 독서법으로 저는 스터디 모임을 권합니다.

사는 지역과 상관없이 온라인으로 모이는 요즘, '○○독서회'와 같은 스터디 모임이 곳곳에서 열리고 있습니다.

주제나 내용은 모임에 따라 조금씩 다르겠지만, 대부분 참가자들이 각자 읽은 책을 소개하는 경우가 많습니다. 또는 미리 정해진 책을 읽고 와서 그 소감을 참가자끼리 공유하는 식입니다. 책을 읽기만 하고 끝나지 않도록 이런 자리는 아웃풋의 기회로서 안성맞춤입니다.

독서 모임의 장점은 우선 아웃풋을 전제로 독서를 하기 때문에 책 내용이 기억에 잘 남는다는 점입니다.

게다가 참가자끼리 서로의 감상과 의견을 공유함으로써 혼자서 읽을 때보다 훨씬 더 깊이 이해하고 깨닫는 것도 많아집니다.

만약 자신에게 맞는 독서 모임이 없다면, 직접 독서 모임을 주최하는 것도 한 가지 방법입니다.

어떤 주제의 스터디 모임이든, 가장 많은 것을 배울 수 있는 사람은 사실 참가자가 아닌 주최자 자신일 수 있습니다. 카페에서 하는 것도 좋고, 요즘은 비교적 저렴한 비용으로 대여 공간을 빌릴 수도 있습니다. 줌이나 메신저 통화 등을 활용해 온라인으로 진행하면 지역에 상관없이 모일 수 있습니다.

저도 예전에는 주말 새벽에 호텔 라운지에서 열리는 독서 모임에 참여하거나 회사 내에서 동료들과 스터디 모임을 했습니다. 현재는 제가 주재하는 'My 수첩 클럽'이라는 학습 커뮤니티에서 매달 독서 모임을 진행하고 있습니다.

　직접 모임을 만들어보고 알게 된 사실인데 이런 독서 모임에 정기적으로 참여(또는 주최)하면 반강제적으로 책을 읽게 되기 때문에, 책을 읽기 어려운 사람일수록 이런 모임에 참여해보시기를 강력히 권합니다.

추천 도서

제가 추천하는 책을 소개하니 앞으로의 독서에 참고하시기 바랍니다. 모두 최근에 출간된 화제의 책이 아니라 오랫동안 읽혀온 고전 명저들입니다.

1. 인생을 풍요롭게 하는 원리

『성공하는 사람들의 7가지 습관』(스티븐 코비 저, 김경섭 역, 김영사, 2003)

『생각하라 그리고 부자가 되어라』(나폴레온 힐 저, 이한이 역, 반니, 2021)

『어떻게 살아야 하는가』(이나모리 가즈오 저, 김윤경 역, 다산북스, 2022)

『데일 카네기 자기관리론』(다수의 출판사에서 출간)

『데일 카네기 인간관계론』(다수의 출판사에서 출간)

『설득의 심리학』(로버트 치알디니 저, 황혜숙 · 임상훈 역, 21세기북
스, 2013)

2. 회사 경영/기업 전략

『누구에게나 세 번의 기회는 있다』(간다 마사노리 저, 이선희 역,
랜덤하우스코리아, 2005)

『마이클 포터의 경쟁 전략』(마이클 포터 저, 조동성 역, 21세기북
스, 2008)

『마케팅 불변의 법칙』(알 리스 · 잭 트라우트 저, 이수정 역, 비즈니
스맵, 2008)

『V자 회복』(사에구사 다다시 저, 현창혁 역, 황금부엉이, 2015)

『약자가 강자를 이기는 15원칙』(다케다 요이치 저, 정성호 역, 삼
양미디어, 2004)

『사장의 경영학』(이치쿠라 사다무 저, 김욱 역, 리치북스, 2000)

3. 비즈니스 전반

『프로페셔널의 조건』(피터 드러커 저, 이재규 역, 청림출판, 2001)

『맥킨지식 사고와 기술』(사이토 요시노리 저, 이정훈 · 서한섭 역,

거름, 2003)

『실패에서 성공으로』(프랭크 베트거 저, 최염순 역, 씨앗을 뿌리는
　사람, 2005)

『3색 볼펜 읽기 공부법』(사이토 다카시 저, 류두진 역, 중앙북스,
　2016)

『아이디어 생산법』(제임스 W. 영 저, 이지연 역, 월북, 2018)

『원씽』(게리 켈러 · 제이 파파산 저, 구세희 역, 비즈니스북스, 2013)

『에센셜리즘』(그렉 맥커운 저, 김원호 역, 알에이치코리아, 2014)

『호시노 리조트 교과서-서비스와 이익 양립의 법칙(星野リゾ
　ートの教科書-サービスと利益 両立の法則』(나카자와 야스히코, 닛
　케이BP사, 2010)

4. 인생 설계

『부자 아빠 가난한 아빠』(로버트 기요사키 저, 안진환 역, 민음인,
　2018)

『성공하는 시간 관리와 인생 관리를 위한 10가지 자연 법칙』
　(하이럼 스미스 저, 김경섭 · 이경재 역, 김영사, 1998)

『100세 인생』(린다 그래튼, 앤드루 J. 스콧 저, 안세민 역, 클, 2020)

『위대한 나의 발견 강점 혁명』(톰 래스 · 도널드 클리프턴 저, 박정
　숙 역, 청림출판, 2017)

『수첩으로 꿈을 이루는 모든 기술(手帳で夢をかなえる全技術)』

　(다카다 히카루, 아스카 출판사, 2020)

『노무라의 '인생 노트'(野村の「人生ノート」)』(노무라 가쓰야, 노무

　라 가쓰노리, 일본문예사, 2012)

『카리스마 체육교사의 상승교육(カリスマ体育教師の常勝教

　育)』(하라다 다카시, 닛케이BP사, 2003)

4장

나의 가치관이 분명하면 흔들리지 않는다

쓰는 습관으로 내 인생을 설계하는 법

쓰는 습관으로
인생을 디자인하다

"다이어리가 정말 두껍네요. 도대체 무슨 내용이 적혀 있나요?"

제 다이어리를 본 사람들이 자주 하는 질문입니다. 이제 저한테는 당연한 일이 되었지만, 제가 애용하는 시스템 다이어리는 리필 용지가 가득 끼워져 있어 마치 사전과 같은 모양새가 되었습니다.

다이어리라고 하면 보통 '스케줄을 적는 도구'라고 생각하는 사람이 많지만 저의 경우에는 그 이상입니다. 자세한 내용은 나중에 또 설명하겠지만, '내 인생은 내 손으로 디자인한

저자가 애용하는 A5 사이즈의 시스템 다이어리.
좋아하는 마음이 커져서 결국 직접 가죽 브랜드를 론칭하여 제작했다.

다'는 생각으로 제 인생에 관련된 모든 정보를 적다 보니 어느새 두툼한 모습으로 변모하게 되었습니다.

저는 스무 살 때부터 본격적으로 다이어리를 사용하기 시작했는데, 그게 바로 쓰는 습관의 시작이었습니다. 이후 20여 년 동안 저다운 삶을 추구하며 쓰는 습관을 자아실현에 활용했습니다. 그 과정에서 제가 얻은 것들은 다음 세 가지로 간추릴 수 있습니다.

① 타인과 비교하지 않게 되었다

본래 행복의 척도는 사람마다 다릅니다.

하지만 예전의 저를 포함한 많은 사람들이 자신의 행복 여부를 타인과 비교하며 결정하는 경향이 있습니다.

'나보다 좋은 차를 탄다', '나보다 넓은 집에 산다'.

아마 이런 것들이 대표적인 예겠죠. 예전에 제 강연에 오신 어떤 분이 "SNS에서 다른 사람의 글을 보면 너무 반짝반짝 빛이 나서 열등감을 느낀다"고 한탄했는데, 이런 감정은 타인과 자신을 비교하기 때문에 느끼는 것입니다.

이렇게 남과 비교를 하는 것은 정말로 끝이 없고, 시간이 아무리 흘러도 자기 자신을 만족시킬 수 없습니다. 그렇게 되지 않으려면 자신의 가치관부터 확실히 정립해야 합니다.

어떤 사람은 상장 기업에서 일하는 것에서 자부심을 느끼고, 어떤 사람은 작은 회사에서 책임이 막중한 일을 하고 싶어 합니다. 이것은 그 사람의 가치관에서 비롯된 것이라 어느쪽이 옳다고 말할 수 있는 게 아닙니다.

당신은 어떤 삶을 살고 싶은가요? 이 질문에 대한 답을 쓰는 습관을 통해 명확히 찾을 수 있다면 남과 비교할 수 없는 자신의 잣대, 즉 '자기 축'이 생깁니다.

저 역시 바로 이 '자기 축'을 찾은 이후 저의 행복을 타인의 그것과 비교하지 않게 되었고, 비로소 저다운 삶을 살게 되었습니다. 또 일상 속에서 만족감까지 높아졌습니다.

② 일에서 성과를 거두기 시작했다

쓰는 습관을 시작한 스무 살 때, 제가 다이어리에 적었던 꿈 중 한 가지는 '28세가 되기 전에 창업한다'는 것이었습니다. 그 후 우여곡절을 겪은 끝에 목표보다는 1년 늦은 29세의 나이에 독립해서 웹컨설팅 회사를 창업했습니다.

스무 살 때 '언젠가는 책을 출간하고 싶다'는 꿈을 이야기하면 주변의 비웃음을 사기도 했지만, 지금은 이 책까지 합하면 벌써 다섯 번째 책을 낸 저자가 되었습니다.

지금까지 이렇게 크고 작은 꿈을 실현시킬 수 있었던 이유는 목표로부터 역으로 계산하여 설정한 계획적 사고와 지속적으로 PDCA(플랜→실행→검증→개선) 사이클을 돌리는 습관이 저를 목표 달성 체질로 만들어주었기 때문입니다. 그리고 그 밑바탕에는 바로 쓰는 습관이 있었습니다.

③ 사생활에서도 만족도가 높아졌다

유능하고 돈도 많이 벌어서 문제가 없어 보이는 사람도 사실 알고 보면 부부관계가 나쁘거나 사생활이 엉망인 경우가 적지 않습니다.

하지만 자신이 '어떤 모습이 되고 싶은지', '지향하는 미래상'을 구체적으로 쓰고, 이를 위해 해야 할 일을 명확히 하면 일과 사생활에서 모두 풍요로운 삶을 살 수 있다는 것을 알게 되었습니다.

저는 두 개의 회사를 운영하면서 컨설팅과 연수 강사 일 등 다양한 역할을 하고 있습니다.

사생활에서는 세 자녀를 둔 가장이자 10대 때부터 시작한 서핑은 매년 4~5번 대회에 출전할 정도로 여전히 열중하고 있습니다.

초등학생 아들이 축구를 시작한 것을 계기로 유소년 축구 코치로서 축구팀 운영에도 관여하고 있습니다. 이렇게 공과

사를 넘나들며 다양한 역할을 동시에 소화하면서 이른바 워라밸을 잘 유지할 수 있는 것도 결국에는 쓰는 습관 덕분이었습니다.

이상 세 가지가 쓰는 습관을 통해 제가 얻은 것들입니다. 저이기 때문에 가능했던 것 아니냐고요? 결코 그렇지 않습니다.

이 책에서 소개하는 내용을 실천하여 인생을 역전시킨 성공 사례가 속속 나오고 있다는 것은 앞에서도 말씀드렸습니다.

앞으로 이 장에서 자세히 설명할 내용의 핵심 메시지는 '메모하는 습관으로 인생을 디자인하라'는 것입니다. 자신의 미래 모습을 정하고 이를 위한 로드맵을 명확히 만들면 삶의 방식이 바뀌고 꿈이 실현됩니다. 하루하루를 더욱 충실하게 살아갈 수 있습니다.

이 모든 것의 열쇠는 쓰는 습관입니다. 여러분도 지금부터 설명하는 내용을 실천해서 자신의 하루를 직접 디자인한다는 게 뭔지 꼭 실감해보시기 바랍니다.

사람은 '꿈꿔본 모습'
그 이상이 될 수 없다

왜 꿈을 써보는 게 중요할까요? 사람은 '꿈꿔본 모습' 그 이상은 될 수 없기 때문입니다.

예를 들면 올림픽 메달리스트가 그렇습니다. 그들은 몇 년에 어디서 열리는 올림픽에 출전해 '메달을 따겠다'는 분명한 꿈을 갖고 경기에 임했을 것입니다. 아무 생각 없이 연습을 하고 대회에 나갔는데 우연히 메달을 따게 되었다는 메달리스트는 지금까지 단 한 명도 본 적이 없습니다. 메달리스트는 반드시 메달을 따겠다고 강렬히 바라고 그것을 위해 노력한 사람 중에서만 탄생합니다. 우리 인생도 마찬가지입니다.

그저 막연하게 보내는 하루하루의 연장선상에서 풍요로운 미래를 기대할 수는 없습니다.

세계적 명저인 『성공하는 사람들의 7가지 습관』(김경섭 역, 김영사, 2003)에서 저자 스티븐 코비는 '모든 것은 두 번 만들어진다'고 말했습니다. 모든 것은 먼저 머릿속에서 창조되고, 그다음에 실제 형체가 있는 상태로 재창조된다는 뜻입니다.

예를 들어 집을 지을 때도 어떤 집을 지을지 먼저 머릿속에서 한번 만들어보고, 그것이 설계도라는 형태로 만들어집니다. 그리고 그 설계도를 바탕으로 건축 계획을 세우고 그 후에야 비로소 공사가 시작됩니다.

마찬가지로 가족끼리 여행을 떠날 때도 먼저 목적지를 정하고 최적 경로를 생각한 후 출발합니다. 사람들 앞에서 프레젠테이션을 할 때는 어떤 이야기를 할 것인지 사전에 구상을 해두기 마련입니다. 이 책도 맨 먼저 기획과 구성을 생각하고 나서 원고를 쓰고 있습니다.

우리 인생도 마찬가지입니다. 우선 내가 어떤 삶을 살고 싶은지, 어디로 가고 싶은지 머릿속으로 그려볼 필요가 있습니다. 그 미래상에 따라 앞으로 걸어가야 할 길이 달라지기 때문입니다.

내가 되고 싶은 모습
써보기

갑작스런 질문이긴 하지만, 당신은 어떤 사람이 되고 싶나
요?

일과 사생활에서 각각 어떤 모습일 때, 이상적이라고 말할
수 있나요? 갑자기 이런 질문을 받으면 쉽게 대답하기가 어
렵습니다. 그래서 권하는 것이, 노트와 펜을 준비해 '역할 리
스트'를 작성해보는 것입니다. 여기서 말하는 역할이란 나라
는 인간이 갖고 있는 페르소나를 말합니다.

저의 경우에는 남편, 아버지, 경영자, 저자, 세미나 강사, 축
구 코치 등 제가 현재 맡고 있는 역할을 모두 나열하고, 각각

의 역할에서 어떤 모습을 지향하는지 적습니다.

여러분도 각자 자신의 세계에서 팀장, 어머니, 이웃, 친구, 학교 위원회, 반상회 임원 등 반드시 어떤 사회적 역할을 맡고 있을 겁니다.

이렇게 자신이 맡은 역할 하나하나를 인식하고, 각 역할마다 되고 싶은 모습을 의식하면서 살게 되면 훨씬 더 균형 있고 충실하게 살 수 있습니다. 저는 이 역할 리스트를 애용하는 시스템 다이어리에 끼워두고 가끔씩 꺼내 보면서 제가 지금 가고 있는 방향이 맞는지, 지향하는 모습에 어긋나는 행동을 하고 있지는 않은지 확인합니다.

여기서 중요한 것은 두 가지입니다. 우선, 역할은 아무리 많아도 다섯 개에서 일곱 개 정도로만 제한해야 합니다. 너무 많아지면 관리가 복잡해지기 때문입니다. 예컨대 아버지, 남편, 아들이라는 얼굴은 '가족'이라는 역할로 묶어두는 등 같은 종류의 카테고리는 하나로 묶어버리는 게 좋습니다.

그다음엔 미래에 지향하는 역할도 추가하세요.

예를 들어 지금은 회사원이지만 미래에는 독립해서 프리랜서로 일하는 것이 목표라면, 프리랜서나 개인사업자 또는 기업가라는 역할을 추가하는 것입니다. 그렇게 하면 자신이 지향하는 미래의 역할을 항상 의식하고 생활할 수 있어서, 그 꿈을 실현하는 속도도 빨라집니다.

이 두 가지 포인트만 잘 숙지하면 됩니다. 다른 자잘한 규칙은 없습니다.

누군가에게 보여주기 위한 것이 아니므로, 자신에게 가장 와 닿는 표현으로 역할 리스트를 작성해보세요.

'내가 되고 싶은 모습 써보기'의 예시

역할   가족

목표하는 모습   항상 웃음이 끊이지 않는, 따뜻함을 느낄 수 있는 가족.

역할   친구

목표하는 모습   누구든지 격 없이 대할 수 있는 사람. 의지할 수 있는 친구.

역할   직장인

목표   항상 프로의식을 가지고, 기대치보다 더 높은 성과를 내는 회사원.

역할   사진작가(프리랜서)

목표   꿈을 좇아 노력하는 사람들의 모습을 사진으로 남겨서, 많은 사람들이 볼 수 있도록 하는 것. 5년 안에 독립하는 것!

역할   골퍼

목표   3년 안에 90대 스코어를 기록하는 것!

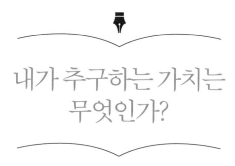

내가 추구하는 가치는
무엇인가?

내가 추구하는 가치. 내가 인생에서 가장 중요하게 여기는 것. 그것이 가치관입니다. 가치관은 성실, 도전, 즐거움 등 내가 살아가는 방식과 신념을 말해주는 것으로, 모든 일에 대한 판단의 기준이 될 뿐만 아니라 나라는 사람이 갖고 있는 인격의 기반이 되기도 합니다. '경제적 자립'이나 '어떤 분야의 전문가'처럼 인생에서 이루고자 하는 큰 목표 또한 가치관에 포함됩니다.

어떤 가치관을 갖고 있는지는 사람마다 다릅니다. 그것은 어린 시절부터 지금까지 살아온 환경과 경험, 갖고 있는 재능과 성격에 따라 천차만별이기 때문입니다.

앞으로 어떻게 살고 싶은지를 물었을 때, "항상 도전 정신을 갖고 무엇이든 해보고 싶다"고 대답하는 사람이 있는가 하면, "웬만하면 위험을 감수하지 않고 안정적으로 살고 싶다"고 대답하는 사람도 있습니다.

어떤 사람은 상장 기업에서 일하고 싶어 하고, 다른 어떤 사람은 작은 회사에서 일하는 걸 선호합니다. 또 어떤 사람은 세계 여행이 꿈이고, 다른 어떤 사람은 일상의 소소한 행복이 꿈이라고 말합니다. 사람의 가치관은 그 사람 고유의 것일 뿐, 어느 쪽이 옳다고 할 수는 없습니다. 중요한 건 내가 어떻게 살고 싶은지 스스로 자신이 추구하는 삶의 방향을 명확히 아는 것입니다. 이것이 정확하면 미래를 설계하는 기준이 바로 섭니다. 저는 이것을 '자기 축'이라고 부릅니다.

자기 축이 제대로 정립되지 않고 타인의 축을 중심으로 살다 보면 주변 사람이나 분위기에 휩쓸리기 쉬울 뿐 아니라, 항상 자신을 타인과 비교하며 열등감을 갖고 살게 되므로 만족감을 느낄 수 없습니다.

『인생은 수첩으로 바뀐다(人生は手帳で変わる)』(프랭클린·코비·재팬, 킹베어 출판)에 따르면, '가치관을 명확히 하면 당신의 행동에 영향을 주는, 흔들리지 않는 행동 기준이 만들어

져 내면에서 강한 의지가 생겨난다'고 합니다.

'당신의 일상적인 행동이 가치관에 따라 움직여야 비로소 자신에게 중요한 일을 하고 있다는 만족감을 얻을 수 있고, 진정으로 하고 싶은 일을 성취할 수 있는 원동력이 된다'고도 쓰여 있습니다.

이렇듯 주변 사람이나 상황의 분위기에 휩쓸리지 않고, 풍요롭고 자기다운 삶을 살아가기 위해서는 스스로 '자기 축'을 만들어 세울 필요가 있습니다.

이를 위해 제가 권하고 싶은 것은 '가치관 리스트'를 써보는 것입니다. '가족이 먼저다', '정직하게 살자'와 같이 자신이 중요하게 여기는 것을 노트에 적어보세요.

가치관 리스트를 작성하기 위해서는 '나는 무엇을 소중히 여기는가?'라는 질문을 스스로에게 던지는, 자기 자신과의 대화가 필요합니다. 하루 만에 다 쓸 수 있을 정도로 쉬운 일은 아니기 때문에 인내심이 필요한 작업이지만, 우선은 다음 질문에 답하는 형식으로 생각나는 대로 적어보세요.

Q1. 내 인생에서 가장 중요한 것은 무엇인가요?

Q2. 내가 가장 가치 있다고 생각하는 일은 무엇인가요?

Q3. 내가 죽었을 때 주변 사람들이 어떤 말을 하길 바라나요?

이 세 가지 질문만으로도 나 자신의 마음속을 들여다보는 계기가 됩니다. 이 질문에 대한 답을 생각하다 보면 다양한 것들이 꼬리에 꼬리를 물고 떠오를 것입니다. 핵심은 두 가지입니다.

첫째, 가치관은 내 안에 이미 존재한다는 것입니다.

따라서 노트에 적어나갈 때는 이제부터 만들겠다는 생각보다는 '발견한다, 찾는다'는 느낌으로 접근하는 게 좋습니다.

둘째, 어쨌든 '왜?'라는 질문을 계속 반복하세요. 더 이상 이유를 말할 수 없을 때까지 파고들어보세요. '무슨 일이 있어도, 꼭'이라는 답변이 나올 때까지 스스로에게 '왜?'라고 물어서 마음 깊숙한 곳까지 들어가보길 바랍니다.

가치관 리스트를 작성하고 정리하는 데 따로 정해진 방법은 없지만, 그 의미를 명확히 하기 위해서는 설명을 덧붙이는 것을 추천합니다.

'나의 가치관 찾기' 예시

가치관	경제적 자립과 안정
설명	가족이 안심하고 지낼 수 있는 경제적 기반을 갖추는 것이 중요하다.
가치관	자신과 가족의 건강이 최우선
설명	모든 것은 건강해야 가능하다. 정신적으로도 육체적으로도 건강하게 지내는 것을 최우선으로 한다.
가치관	신뢰할 수 있는 사람일 것
설명	약속을 지킨다. 정직하게 산다. 신념을 지킨다. 결과적으로 타인의 신뢰를 얻게 된다.
가치관	지적 성장
설명	지식과 지혜는 삶을 더욱 풍요롭게 한다.
가치관	의리와 인정
설명	사람으로서 도리를 중시하고, 배려와 인정을 소중히 여긴다.
가치관	허세 부리지 않고 있는 그대로의 모습으로 살기
설명	남에게 잘 보이려고 과시하거나 경쟁하는 것은 멋지지 않다.

내 꿈이 뭔지만 분명히 해도
눈빛이 달라진다

지금까지 자신의 역할을 정하고, 그 역할에 따른 미래의 모습을 그려보고, 나아가 자신이 중요하게 생각하는 가치관을 써봄으로써 인생 지침을 만들어보았습니다.

이제 그다음으로 써봐야 할 것은 '꿈 리스트'입니다.

꿈의 실현은 구체적으로 쓰는 것에서 시작됩니다. 다만, 갑자기 꿈에 대해 쓰라고 하면 어떻게 써야 할지 잘 모르겠다는 사람도 있습니다. 너무 어렵게 생각할 필요는 없습니다.

'포르쉐를 살 수 있을 만큼 돈을 벌고 싶다', '고급 브랜드의 가방을 갖고 싶다' 정도로도 괜찮습니다.

'체중을 60kg까지 감량하고 싶다', '가족 여행을 가고 싶다'와 같은 것도 좋습니다.

신기하게도 아이들에게 장래 희망이 뭐냐고 물어보면 정말 다양한 이야기가 나오는데, 어른 중에는 바로 대답하는 사람이 많지 않습니다.

아마도 우리가 어른으로 성장하는 과정에서 동심이라는 것이 점차 사라지고, 다양한 경험을 통해 현실성이라는 것을 자각하기 때문이겠죠.

하지만 꿈 리스트는 누군가에게 제출해야 하거나 보여주기 위한 것이 아니니, 현실적인지 아닌지는 일단 접어둡시다.

진부한 말이지만, 인생은 한 번뿐입니다. 아주 솔직하게 써보는 것이 중요합니다.

저는 개인의 목표 달성을 돕는 코칭 업무를 하면서 환경이나 상황은 비슷한데도 불구하고 꿈을 분명히 하는 것만으로도 눈빛이 달라지는 사람들을 여럿 보았습니다. 그런 사람들을 볼 때마다 '역시 꿈을 갖는 것이 중요하구나'라고 다시 한번 뼈저리게 느낍니다.

앞서 말한 GMO 인터넷그룹의 구마가이 마사토시 사장의 책 『꿈을 이루어주는 한 권의 수첩』에는 이런 말이 나옵니다.

"현실과 괴리되어 있어야 비로소 꿈이라 할 수 있고, 그 괴리를 메우는 곳에 삶의 즐거움이 존재한다."

꿈 리스트는 하고 싶은 일과 실현하고 싶은 일을 생각나는 대로 적는, 말하자면 '소망 리스트'입니다. 오른쪽 페이지에 나오는 세 가지를 정말 솔직하게 적어보세요.

'꿈 리스트'의 예시

Have(갖고 싶은 것)

손에 넣고 싶은 것, 소유하고 싶은 것

내 집을 짓고 싶다.
캠핑카를 사고 싶다.
업무용 새 가방을 사고 싶다.

Be(되고 싶은 것)

되고 싶은 상태

요리를 잘해서 홈 파티에 친구들을 초대하고 싶다.
영어가 능숙해져서 더 편하게 해외여행을 다니고 싶다.
프리랜서로 독립해서 나답게 일하고 싶다.

Do(하고 싶은 일)

경험하고 싶은 일, 가보고 싶은 곳

오모테산도에 있는 카페에서 책을 읽으며
혼자만의 시간을 만끽하고 싶다.
가족 여행으로 유럽에 가고 싶다.
소설을 쓰고 싶다.

비전을 쓰면서
오늘 해야 할 일 역산하기

비전이란 자신이 장기적으로 어떻게 되고 싶은지를 구체적으로 그린 이상적인 미래상을 말합니다. 꿈 리스트 속에 흩어져 있던 꿈 하나하나에 스토리를 부여해 청사진으로 만든 것이 바로 비전이라고 할 수 있습니다.

비전을 글로 써보면 꿈은 더 이상 공상이나 망상이 아니라 '인생 계획'으로 바뀝니다.

우리 인생은 미래에 어떤 사람이 되고 싶은지에 따라 지금 어떤 사람이 되는지가 결정됩니다.

10년 후에 이루고 싶은 모습이 있다면, 이를 위해서 5년 후, 3년 후, 1년 후에는 어떤 모습일지 떠올려볼 수 있습니다. 그렇게 역산을 하다 보면 '오늘 해야 할 일'이 정해집니다.

4년 후 올림픽을 목표로 하는 선수들에게는 지금 해야 할 일이 명확하게 보입니다. 마찬가지로 중학교 입시를 고려하는 초등학생은 5, 6학년 때부터 생활이 입시 중심으로 바뀌게 되겠죠. 즉, 미래를 그려봄으로써 '지금 어떻게 살 것인가'를 결정하는 것이 바로 비전 작성의 본질입니다.

그럼 구체적인 작성 방법에 대해 이야기해보겠습니다.

제가 추천하는 작성법은 세로축에 자신의 역할, 가로축에는 1년 후, 3년 후, 5년 후, 10년 후라는 4개의 시간 축을 설정하고, 꿈 리스트에 적었던 꿈들을 하나하나 나눠서 작성하는 방식입니다(195~196쪽 참조).

비전은 꿈 리스트와는 달리 구상이자 계획입니다. 작성할 때는 반드시 완료형으로 쓰도록 합니다. 예를 들어 '해외여행에 불편함이 없는 영어회화 실력을 갖추고 싶다'는 꿈이 있다면, 비전에는 '해외여행에 불편함이 없는 수준의 영어회화 실력 습득'이라고 적습니다. 즉, 10년 후라면 10년 후, 5년 후라면 5년 후의 내가 되어서 그때의 상태를 적으면 됩니다.

3년 후인지 5년 후인지 기일을 알 수 없는 것은 일단 10년 후 칸으로 분류해두세요.

"정원이 있는 단독주택에 살고 있다."

"부업으로 본업과 동등한 수입을 얻고 있다."

"○○브랜드의 가방을 사용하고 있다."

"매일 아침 5시에 일어나 요가를 하고 있다."

이처럼 큰 꿈부터 조금 작은 꿈까지, 비전의 크기는 상관이 없습니다. 가능한 한 많이 쓸수록 미래상은 점점 더 구체화됩니다. 명확한 비전은 또한 명쾌한 동기부여와 행동력을 불러옵니다. 비전은 연말연시 등 한 해의 마음을 새롭게 다지는 시기를 이용해 최소 1년에 한 번씩, 매년 업데이트하는 것을 추천합니다.

'비전'의 예시

		1년 후(2024년 말)	3년 후(2026년 말)
나이	나 아내 아들 딸	48세 46세 18세 15세	50세 48세 20세 17세
역할 1	가족	• 모든 가족 행사에 참가 • 2박 이상의 가족 여행 • 저축 ○만 엔	• 하와이로 가족 여행 • 저축+100만 엔
역할 2	친구	• 고등학교 동창회 개최	• 두 달에 한 번 다른 업종 교류회에 참가
역할 3	직장인	• 연 수입 700만 엔 • 부하 직원 5명 통솔 • 회사 주최 강연회에서 강사로 활동	• 연 수입 1000만 엔 돌파 • 관리자로서 2개 부서 통솔 • 창업 준비 시작 (경영 학원 다니기)
역할 4	골퍼	• 연 1회 골프 모임 참가 • 주 1회 연습장 다니기	• 연 1회 골프 모임 참가를 지속
역할 5	기타	• 5kg 감량 다이어트 • 영어회화 공부 시작하기	• 주 1회 헬스장 다니기 • 외국인과 대화가 가능할 정도의 영어회화 실력 습득

		5년 후(2028년 말)	10년 후(2034년 말)
나이	나 아내 아들 딸	52세 50세 22세 19세	57세 55세 27세 24세
역할 1	가족	• 부모님도 포함한 가족 여행으로 국내 1회, 해외여행 1회 • 저축+150만 엔	• 저축+180만 엔
역할 2	친구	• 다른 업종 교류회 참가 지속 • 온라인 살롱 설립	• 100명 규모의 교류 모임 주최
역할 3	직장인	• 컨설턴트로서 창업 • 시나가와 부근에 사무소(주 3일 근무), 그 외에는 집에서 근무&외근 • 홈페이지 개설	• 연 수입 3000만 엔 돌파 • 나 + 직원 3명 • 월 2~3회 세미나 강사 업무
역할 4	골퍼	• 연 1회, 골프 모임 참가 • 평균 스코어 80 달성	• 경영자 골프 모임 주최
역할 5	기타	• 주 1회 헬스장에서 운동 • 풀 마라톤 출전 (5시간대로 완주)	• 체중 50kg대 유지 • 건강 검진 결과 모두 정상 • 해외여행에서 불편함이 없을 정도의 영어회화 실력 습득

'Not To Do 리스트' 써보기

저는 비전을 써보면서 그와 동시에 '하지 않는 일'을 정해보라고 말씀드립니다. 이상적인 비전을 정하고, 그것을 실현하기 위해 매일 애쓰다 보면, 실제로 내가 하고 싶은 일 외에 '해야 할 일'이 계속해서 밀려오기 때문입니다.

애플의 창업자 스티브 잡스는 "무엇을 하지 않을지를 결정하는 것은 무엇을 하기로 결정하는 것만큼이나 중요하다"라고 말한 적이 있습니다. 우리가 쓸 수 있는 시간은 하루 24시간으로 유한하기 때문에 뭔가를 하기 위해서는 다른 뭔가를 잘라낼 수밖에 없습니다.

그러므로 나의 비전을 실현하기 위해서는 '하지 않는 일'도 명확히 할 필요가 있습니다. 그래서 제가 추천하는 것이 '하지 않는 일 리스트'(일명 Not To Do 리스트)를 써보는 것입니다.

작성 방법은 매우 간단합니다. '하지 않는 일'과 '그만두어야 할 일'을 항목별로 나열하여 리스트로 만들면 됩니다. 말하자면, 나 자신에게 부과하는 원칙이라고 할 수 있습니다.

'일'과 '사생활'로 나눠서 작성해보세요.

이 '하지 않는 일 리스트'는 한 번 쓰고 끝내는 것이 아니라, 일상생활 속에서 제대로 지키고 있는지를 주기적으로 확인해야 합니다.

저는 월말(또는 월초)에 한 달 동안 나의 행동을 되돌아보는 시간을 마련해서 그 시간에 '하지 않는 일 리스트'도 훑어보며 반성하곤 합니다.

'Not To Do 리스트'의 예시

일

- 노골적인 할인 요구에는 응하지 않는다.
  (윈윈 관계를 구축할 수 없기 때문에)

- 이메일, 문자 메시지로 끝낼 수 있는 일이라면 무의미한
  회의는 하지 않는다.
  (굳이 모일 필요가 없기 때문에)

- 보고나 정보 공유를 위한 자료 작성에 시간을 과하게
  쓰지 않는다.
  (요점만 전달되면 충분하기 때문에)

- 같은 뜻을 가진 사람이 아니면 채용하지 않는다.
  (서로가 불행해질 가능성이 높기 때문에).

사생활

- 술자리에서 과음하지 않는다.
  (숙취로 다음 날을 허비할 수 있기 때문에)

- 해외 드라마를 보지 않는다.
  (생활 리듬이 깨지기 때문에)

- 스마트폰에 게임 앱을 설치하지 않는다.
  (한번 빠지면 아무것도 할 수 없기 때문에)

- 남의 험담이나 욕을 하지 않는다.
  (신용을 떨어뜨리고 운도 나빠지기 때문에)

나의 인생에 대해 생각해보자

다음 질문에 대해 생각해보고, 당신 삶의 토대를 적어보세요.

Q1. 당신이 인생에서 소중히 여기는 것(가치관)은 무엇인가
요? 생각나는 대로 적어보세요.

Q2. 당신의 꿈은 무엇인가요? '원하는 것', '되고 싶은 것',
'하고 싶은 일'로 나누어 적어보세요.

Q3. Q2에 쓴 꿈 하나하나를 '1년 후, 3년 후, 5년 후, 10년 후'
로 나누어 10년 비전을 만들어보세요.

5장

스트레스가 없는 곳에 성장은 없다

행동을 이끌어내는 목표 설정법

오늘 당장 내 몸을
움직이게 하려면?

앞장에서는 내가 갖고 있는 꿈을 글로 써보는 것이 얼마나 중요한지 이야기했습니다. 그런데 아무리 글로 잘 써도 구체적인 행동으로 옮기지 않으면 당연히 꿈의 실현은 불가능합니다. 꿈의 실현을 위해 행동으로 옮기려면 어떻게 해야 할까요?

바로 목표 설정을 해야 합니다.

저는 목표를 꿈(목적)에 도달하기 위한, 또는 벗어나지 않기 위한 이정표라고 정의합니다. 올바른 목표를 설정하면 꿈을 이루기 위한 행동을 이끌어낼 수 있습니다. 다음과 같은 목표가 있다고 가정해봅시다.

> 보험 매출로 억대 연봉자가 되고 싶다.
>
> 점포 수를 20개로 늘리고 싶다.
>
> 지금 일하고 있는 가게를 이 지역 1위로 만들고 싶다.
>
> 사내 골프대회에서 우승하고 싶다.
>
> 부자가 되고 싶다.
>
> 세계 일주를 하고 싶다.

모두 멋진 목표입니다. 하지만 여기에는 꿈과 목표가 뒤섞여 있습니다. 그 점을 눈치챘나요? 그렇다면 꿈과 목표의 분명한 차이점은 뭘까요? 그것은 '검증이 가능한가 아닌가'입니다.

예를 들어 '보험 매출로 억대 연봉자가 되겠다', '점포 수를 20개로 만들겠다'와 같은 미래상은 수치화된 명확한 도달 기준이 있기 때문에 달성 여부를 객관적으로 판단할 수 있습니다.

'사내 골프대회에서 우승한다', '세계 일주를 한다'는 것 역시 실현 여부를 객관적으로 판단할 수 있습니다. 이렇게 구체적인 기준이 있는 것을 목표라고 부릅니다.

그 반면에 '지금 일하고 있는 가게를 지역 1위로 만들고 싶다', '부자가 되고 싶다'는 어떨까요? 무엇이 어떻게 되어야 '지역 1위'라고 할 수 있는지, 어떤 상태가 '부자'라고 할 수 있는지 명확하지 않기 때문에 실현 여부를 객관적으로 판단할 수 없습니다.

또한 구체적인 수치가 확실하지 않기 때문에 구체적인 행동을 계획하기도 쉽지 않습니다. 그러므로 꿈을 이루기 위한 첫 번째 단계는 올바른 목표를 설정하는 것입니다. 그래야 행동으로 이어지기가 쉽습니다.

그렇다면 구체적으로 어떻게 목표를 설정해야 하는지 알아볼까요?

목표를
수치화하기

목표 설정은 기술입니다. 하지만 안타깝게도 학교에서는 올바른 목표 설정 방법에 대해 가르쳐주지 않습니다. 그래서인지 목표 설정 단계에서 막히는 사람들이 의외로 많습니다.

그런 사람들의 공통점은 목표와 슬로건을 혼동한다는 것입니다.

다음과 같은 목표가 있다고 합시다.

올해는 꼭 다이어트를 해서 날씬해질 것이다.

이번 달은 직원 교육에 집중한다.

이번 주는 아이에게 부드럽게 대하겠다.

이것들은 모두 목표가 아니라 슬로건입니다.

'어떻게 되어야 다이어트가 성공했다고 할 수 있는가?', '어떻게 해야 직원 교육에 집중했다고 할 수 있는가?', '어떻게 해야 아이에게 부드럽게 대했다고 할 수 있는가?'라는 확실한 정의가 없기 때문입니다.

이렇게 목표가 애매모호하면 달성 여부를 판단할 수 없습니다. 여기서 가장 큰 문제는 목표가 애매모호하기 때문에 '달성하기 위해 무엇을 해야 하는가'라는 대책을 세울 수 없다는 것입니다.

그렇다면 어떻게 해야 올바른 목표 설정이라고 할 수 있을까요?

그것은 수량이나 기한을 모두 정량화하는 것입니다.

예를 들어 다이어트가 목표라면 '12월 말까지 10kg을 뺀다', 육아 문제라면 '이번 주에는 감정적으로 화내는 횟수를 0회로 만든다' 등입니다. 이렇게 구체적으로 수치화해서 설정하면 수량이나 기한에 따라 달성 기준이 명확해지기 때문에 진행 상황과 달성 여부를 검증할 수 있습니다. 그리고 검증이 가능하기 때문에 비로소 다음 단계를 검토할 수 있습니다.

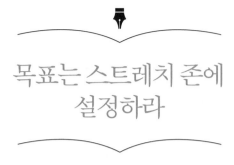

목표는 스트레치 존에
설정하라

목표 설정과 관련해서 또 한 가지 중요한 포인트가 있습니다.

목표는 반드시 스트레치 존 안에서 설정해야 한다는 것입니다.

'심리적 부담'에 의한 세 가지 영역

사람에게는 무의식적으로 안정감을 느끼는 행동 영역과 편안함을 느끼는 행동 패턴이 존재합니다. 이를 심리학에서는 '컴포트 존'(안심쾌적 영역)이라고 부릅니다.

- 같은 회사에서 몇 년이나 같은 일을 처리하기.

- 매일 같은 시간, 같은 경로로 출퇴근하기.

- 익숙한 집에서 계속 살기.

- 항상 똑같은 친구와 함께 시간 보내기.

이런 것들이 컴포트 존의 대표적인 예로, 스트레스나 불안감 없이 매우 평온한 정신 상태를 유지할 수 있는 장소나 영역을 말합니다. 한편, 이 컴포트 존에서 한 발짝 벗어난 영역을 '스트레치 존'이라고 합니다.

- 새로운 프로젝트를 맡아 지금까지와는 다른 일을 하게 되었다.

- 이사를 해서 새로운 지역에 적응해야 한다.

- 처음 참가하는 스터디 모임에서 낯선 사람들을 만나게 되었다.

이런 것들이 스트레치 존의 전형적인 사례입니다. 사람은 원래 컴포트 존에서 벗어나 스트레치 존에 들어가면 스트레스를 느낍니다. 처음으로 유치원에 다니기 시작한 아이는 유치원 문 앞에서 엄마와 떨어질 때 울음을 터뜨리며 필사적으로 저항합니다. 엄마와 떨어져 유치원이라는 낯선 장소에 가는 것이 아이에게는 컴포트 존의 바깥, 즉 스트레치 존이기 때문입니다. 하지만 어떻게든 현실을 받아들이고 환경에 적응하려 노력하면서 유치원이라는 공간에 익숙해지면 아이는 한 단계 성장합니다.

이처럼 스트레치 존은 '러닝 존'(학습 영역)이라고도 불리며, 우리가 성장하기 위해 꼭 필요한 영역입니다. 즉, 스트레치 존(러닝 존)을 컴포트 존으로 바꿔나가며 사람은 성장하는 것입니다. 많은 사람이 유치원이나 어린이집에 들어가고 초등학교, 중학교, 고등학교, 그리고 사람에 따라서는 대학교로 활동 범위가 점차 넓어지면서 컴포트 존도 넓어집니다.

한편, 스트레치 존보다 바깥쪽의 영역을 '패닉 존'이라고 합니다. 자신의 기술이나 지식이 전혀 통하지 않아 과도한 불안과 스트레스를 느끼고 생각이 멈춰버리는 심리 상태를 가리킵니다.

인간은 스트레치 존에서 더 많이 성장한다

여기서 말하고 싶은 것은 사람은 컴포트 존에 머물러 있는 것보다 스트레치 존에 있을 때 더 높은 성과를 낼 수 있다는 것입니다. 아무런 자극이 없는 안전한 영역에 있는 것보다 약간 스트레스가 있어야 작업 효율이 올라간다는 것은 과학적으로도 증명된 사실입니다.

이 때문에 목표를 세울 때는 반드시 스트레치 존 안에서 설정해야 합니다. 흔히 많은 사람들이 지금까지 경험해보지 못한 높은 목표를 세우는 것에 불안을 느끼거나, 오랫동안 지속했던 생활과 업무 스타일을 바꾸는 것에 대해 스트레스를 받습니다. 그래서 자칫 컴포트 존 안에서 하루하루를 보내기 쉽습니다.

하지만 꿈을 하나씩 실현해내는 사람은 과연 이룰 수 있을지 의구심이 들 정도로 높은 목표를 스스로에게 부과합니다. 일부러 스트레치 존에 몸을 맡기고, 목표가 자신을 끌어올리도록 만들어서 높은 성과를 올립니다.

'적당한 불안과 스트레스가 없는 곳에 성장은 없다'는 말이 있습니다. 이는 적당한 심리적 부담이 있는 스트레치 존 안에 목표를 설정하고 이를 달성하면 다음에는 그 기준이 당연시되어 더 높은 목표를 추구할 수 있기 때문입니다.

		1년 후의 비전
역할 1	가족	• 모든 가족 행사에 참가 • 2박 이상의 가족 여행 • 저축 ○만 엔
역할 2	친구	• 고등학교 동창회 개최
역할 3	직장인	• 연 수입 700만 엔 • 5명의 부하 직원 통솔 • 회사 주최 강연회에서 강사로 활동
역할 4	골퍼	• 연 1회 골프 모임 참가 • 주 1회 연습장 다니기
역할 5	기타	• 5kg 감량 다이어트 • 영어회화 공부 시작하기

비전을 통해 연간 목표 정하기(예시)

목표화 →		올해의 연간 목표
역할 1	가족	① 아이 운동회에 참가하기(6월) ② 3박 4일로 온천 여행 가기(여름 방학) ③ 12월 말까지 저축 ○만 엔
역할 2	친구	④ 10월에 고등학교 동창회 개최
역할 3	직장인	⑤ 상반기 인사 고과에서 A를 받아 리더로 승진하기 ⑥ 12월 말까지 회사에서 강연회를 개최하여 강사로 활동
역할 4	골퍼	⑦ 5월 연휴에 있을 골프 모임에 참가하기 ⑧ 주 1회(월 4회) 연습장 다니기
역할 5	기타	⑨ 12월 말까지 5kg 감량하기 ⑩ 12월 말까지 토익 600점대 만들기

소망을 바탕으로 한 비전을 목표로 전환함으로써
실현을 향한 큰 걸음을 내딛게 된다.

1년 목표를
3개월 목표로 바꿔라

연초에 세웠던 목표도 바쁘다는 핑계로 점점 잊어버리고 어느덧 연말. '아~ 올해도 달성하지 못했구나'라고 한탄했던 경험은 누구나 있을 겁니다. 일설에 따르면, 80%의 사람들이 연초에 세운 목표를 1월의 두 번째 주가 지나기 전에 잊어버린다고 합니다.

그렇다면 어떻게 해야 할까요? 목표 의식이 흐지부지되지 않고 계속해서 유지되기 위해서는 사실 약간의 요령이 필요합니다. 그것은 1년 목표를 3개월 목표로 바꾸는 것입니다.

1년 계획을 3개월로 4분할하는 것을 '쿼터(분기)제'라고 합니다.

상장 기업이 분기별로 결산을 보고하거나, TV 프로그램이 3개월 단위로 방영되는 것처럼, 회사나 조직의 프로젝트 단위가 3개월인 경우는 적지 않습니다.

저는 회사 경영이나 조직 운영뿐만 아니라 개인으로서도 분기별로 목표를 세워보길 권합니다. 설령 당신의 직장이 분기별로 움직이지 않더라도 개인으로서 3개월 단위의 계획을 운영하면 됩니다.

1년도 1개월도 아닌, 3개월인 이유

그렇다면 왜 연간 목표를 3개월 단위로 줄이는 것이 좋을까요?

우선 1년 단위의 목표는 기간이 너무 깁니다. 목표를 달성하기까지 시간이 너무 많이 걸리면 열정을 유지하기가 어려워 중간에 포기할 가능성이 높습니다. 중간쯤에 달성하기 어려울 것 같다는 생각이 들면 자연스레 열정이 식고, 결과적으로 힘이 빠지기 시작합니다. 올해는 꼭 해내고 말겠다는 마음으로 연초에 목표를 세워보지만 많은 사람들이 어느새 그 목표를 잊어버리고 흐지부지되는 이유가 바로 이 때문입니다.

그렇다면 월간 목표는 어떨까요?

최종적으로는 월간 목표나 주간 목표를 세우는 것을 권하지만, 연간에서 월간으로 한 번에 바꾸는 것은 그다지 권장하지 않습니다. 한 가지 주제를 제대로 마주하고 해결하기에 한 달이라는 기간은 너무 짧기 때문입니다.

근시안적인 시각으로 그저 '했나, 안 했나'라는 피상적인 평가로 끝나버릴 가능성이 있습니다.

기간이 짧기 때문에 아무래도 '눈앞의 결과'만을 추구하기 쉽다는 점도 권하지 않는 이유 중 하나입니다. 하지만 3개월이라면 일이든 공부든 한 가지 주제나 프로젝트를 추진하기에 너무 길지도 짧지도 않은 적당한 스케줄로 집중력을 유지할 수 있습니다. 재충전의 시간도 가질 수 있습니다.

구글 등이 쿼터제를 도입한 것으로 유명하지만, 그 외에도 많은 기업과 조직이 3개월 단위로 목표를 설정하는 이유를 충분히 납득할 수 있습니다. 이런 이유로 연간 목표를 설정한 후, 달성을 위해 필요한 행동을 3개월 목표로 다시 설정하는 것을 추천합니다. 이것이야말로 1년 목표를 이뤄내는 비결입니다.

1년 단위의 목표

→ 기간이 너무 길어서 열정과 집중력이 지속되지 않고,
   대다수는 그림의 떡으로 끝나버린다.

3개월 단위의 목표

→ 집중력이 지속되고 회복도 쉬우며 목표가
   흐지부지되기 어려운 기간이다.

월 단위의 목표

→ 한 가지 주제에 집중하기에는 기간이 너무 짧다.

목표 달성을 위해
행동 계획을 세분화한다

앞서 말한 것처럼 저는 연간 목표를 3개월 목표로 더 세분화 하는데, 일단 여기서는 연간 목표는 아예 잊어버리고 3개월 목표 달성에 집중해봅시다. 그리고 3개월 목표를 달성하기 위해 필요한 행동을 다시 월 단위, 주 단위, 일 단위로 세분화 해서 실제 행동으로 옮깁니다.

예를 들어 '3개월 안에 체중을 70kg까지 감량한다'는 목표 의 경우를 생각해볼까요.

이 목표를 달성하기 위해 바로 생각해봐야 할 것은 '그렇다 면 이번 달에 해야 할 일은 무엇인가'입니다.

이때 나온 답이 바로 이달의 목표가 됩니다. 이렇게 이달의 목표가 정해졌다면, 이를 달성하기 위해 '이번 주에 해야 할 일은 무엇인가'를 생각하고, 그것을 '이번 주 목표'로 결정합니다. 마지막에는 '이번 주 목표를 달성하기 위해 오늘 해야 할 일은 무엇인가'라는 관점으로 하루 단위의 행동을 정하면 됩니다(220쪽 참조).

'물은 위에서 아래로 흐른다'는 것이 보편적인 원리입니다. 마찬가지로 행동 계획도 상위 목표에서 하위 목표로 내려갑니다.

이렇게 목표를 설정한 후, 행동 계획을 세분화하면 오늘 나의 행동이 확실히 미래로 연결됩니다.

모든 목표는 연동한다

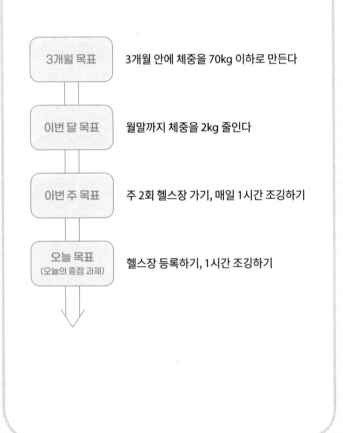

3개월 목표 — 3개월 안에 체중을 70kg 이하로 만든다

이번 달 목표 — 월말까지 체중을 2kg 줄인다

이번 주 목표 — 주 2회 헬스장 가기, 매일 1시간 조깅하기

오늘 목표 (오늘의 중점 과제) — 헬스장 등록하기, 1시간 조깅하기

정기적으로 나의 행동을
되돌아본다

지금까지 목표를 이루기 위해 3개월 단위로 행동 계획을 세분화하는 방법을 소개했는데, 사실은 비결이 또 하나 있습니다. 바로 정기적으로 나의 행동을 되돌아보는 기회를 갖는 것입니다. 이 과정은 목표 달성을 위해 꼭 필요합니다. 저는 다음과 같이 기간별로 되돌아보는 시간을 가지면서 제 마음에서 목표가 사라지지 않도록 신경 씁니다.

- 하루 단위의 돌아보기(그날 저녁 또는 다음 날 이른 아침)

  → 그날의 좋았던 일이나 개선점, 깨달음을 적어두기

- 주 단위의 돌아보기(주말)

  → 월간 목표에 대한 진행 상황 확인 및 다음 주 목표, 계획 설정

- 월 단위의 돌아보기(월말 또는 월초)

  → 3개월 목표에 대한 진행 상황 확인 및 다음 달 목표, 계획 설정

- 3개월 단위의 돌아보기(분기의 마지막 월말)

  → 연간 목표에 대한 진행 상황 확인 및 다음 3개월의 목표, 계획 설정

- 1년 단위의 돌아보기(연말연시 휴가 중)

  → 한 해에 대한 반성과 비전에 대한 진행 상황 확인 및 내년의 목표, 계획 설정

이렇게 주기적으로 돌아볼 수 있는 기회가 있어야 '앗! 다음 주에 어떻게 만회하지?'라고 다음 목표를 향한 의지가 생깁니다. 목표를 써놓기만 하고, 계획을 세워놓기만 하고 끝나버리지 않으려면 '되돌아보기'를 해보세요.

올바른 되돌아보기

자신의 행동을 돌아볼 때는 '성공인지 아닌지', '했는지 안 했는지'라는 관점만으로는 부족합니다. 되돌아보기의 목적은 다음 두 가지입니다.

① 목표에 대한 진행 상황 확인

② 다음 행동 검토

예를 들어 '일주일에 이틀은 헬스장에 간다', '매일 1시간씩 조깅을 한다'는 주간 목표를 세웠다고 합시다. 일주일이 끝날 무렵, 이를 모두 달성했더라도 상위 목표인 '이번 달 말까지 체중 2kg 감량하기'라는 목표에 근접하지 못했다면, 주간 목표 내용을 재검토할 필요가 있습니다. '성공인지 아닌지', '했는지, 안 했는지' 체크하는 것만으로는 부족하다고 한 이유는 이 때문입니다.

주간 목표를 제대로 실행했음에도 불구하고 그 목적에 해당하는 월간 목표 달성에는 미치지 못했다면, 그 사실을 받아들이고 '그럼 다음에는 어떻게 해야 할까?'라는 관점에서 가설(다음 행동)을 생각합니다. 이를 행동으로 연결하여 계속 목표를 향해 나아가는 것. 이것이 올바른 돌아보기이며, PDCA

사이클의 본질입니다.

기간별로 되돌아보는 방법

제가 실천하고 있는 되돌아보기 방법에 대해 구체적으로 설명하겠습니다. 기간마다 방법이 다르지만 단기적인 돌아보기는 무엇보다 쉽게 할 수 있어야 하고, 장기적인 돌아보기는 더 숙고할 수 있는 방식이어야 합니다.

1일 단위, 1주 단위의 되돌아보기

매일 혹은 매주의 되돌아보기는 무엇보다 간편해야 합니다. 그래야 돌아보는 행위 자체가 무리 없이 지속될 수 있습니다. 포인트는 '착안점'을 미리 정해놓는 것입니다.

저는 오카다 다케시 전 일본 축구 감독이 제안한 '오카다 메소드'를 참고로 'Good, Bad, Next'로 분류해서 되돌아보는 방법을 쓰고 있습니다(225쪽 참조). 이는 오카다 씨가 축구 훈련용으로 소개한 것인데 업무나 사생활에서도 충분히 활용할 수 있습니다.

월 단위, 3개월 단위, 1년 단위의 되돌아보기

1일 단위, 1주 단위와는 달리, 간편함보다는 깊이 숙고하여

'Good, Bad, Next'로 분류해서 되돌아보기

Good   재현성 높이기

하루 동안 좋았던 일이나 앞으로도 계속 발전시키고 싶은 내용을 구체적으로 쓰기

Bad   실패를 성공의 재료로 삼기

개선해야 할 내용을 구체적으로 쓰기

Next   Good/Bad에서 배운 내용으로 다음 행동 생각하기

Good/Bad를 돌아본 후에 다음 행동을 구체적으로 쓰기

다음 계획으로 이어지는 방법을 취해야 합니다. 구체적으로 말하면, 스스로에게 질문을 던지는 자신과의 대화를 통해 깨달음을 얻는 '셀프 코칭 형식'으로 진행합니다.

월 단위의 되돌아보기(기본적으로 월말에 실시)

Q1. 이번 달에 좋았던 일은 무엇인가?

Q2. 이번 달의 반성 및 개선 사항은 무엇인가?

Q3. 3개월 계획의 진행 상황은 어떠한가? 궤도 수정해야 할 점이 있는가?

Q4. 지금까지의 내용을 바탕으로 다음 달에는 무엇에 집중할 것인가?

Q5. 다음 달의 핵심 인물은 누구인가? 그 이유는?

3개월 단위의 되돌아보기(기본적으로 분기 마지막 월말에 실시)

Q1. 이번 3개월 동안 좋았던 점은 무엇인가?

Q2. 이번 3개월간의 반성 및 개선 사항은 무엇인가?

Q3. 연간 계획의 진행 상황은 어떠한가? 궤도 수정해야 할 점이 있지 않은가?

Q4. 더 비전에 가까워지기 위해 해야 할 일은 무엇인가?

Q5. 지금까지의 내용을 바탕으로 앞으로 3개월간 무엇에 집중할 것인가?

1년 단위의 되돌아보기(연말연시 휴가를 이용하여 실시)

Q1. 올해 좋았던 점은 무엇인가?

Q2. 올 한 해 동안 어떤 성장과 변화가 있었는가?

Q3. 올해 목표 달성도나 그에 대한 자기 평가는?

Q4. 지금까지를 바탕으로 내년에는 어떤 한 해를 보내고 싶은가?

한 해를 되돌아보며 수행해야 할 과제

□ '역할 리스트'의 재검토 및 수정

□ '가치관 리스트'의 재검토 및 수정

□ '꿈 리스트'의 재검토 및 수정

□ '10년 비전'의 재검토 및 수정

□ 다음 해의 '연간 목표' 및 '행동 계획' 작성

□ 첫 분기(1~3월)의 '목표' 및 '행동 계획' 작성 등

저의 경우에는 평소 애용하는 다이어리 메모 페이지에 셀프 코칭 내용을 기록합니다. 각자 사용하기 편한 것으로 활용해보세요. 이렇게 기록하는 행위 속에서 얻은 생각과 깨달음을 바탕으로 다음 해당 기간의 목표와 계획을 설정합니다.

1년 단위의 돌아보기는 한 해를 마무리하는 중요한 기회이기 때문에 평소보다 더 많은 내용을 다루게 됩니다. 저는 주

로 연말연시 휴가를 이용해 3~4일에 걸쳐 차분히 이 작업을 하는데, 이제는 루틴이 되었습니다.

참고로 저의 전작 『꿈을 이루는 라이프 디자인 수첩(夢をかなえるライフデザイン手帳)』(아스카 출판사)은 여기서 소개한 목표 설정과 돌아보기에 중점을 둔 다이어리입니다. 이 다이어리는 사용하기만 해도 저절로 PDCA 사이클을 실행할 수 있도록 설계되어 있으니, 관심 있는 사람은 한 번 체크해보시기 바랍니다.

내 시간의 1%를
'1인 전략회의'에 투자하라

앞에서 소개한 되돌아보기는 혼자서 묵묵히 미래에 대한 생각에 잠기는 행위입니다. 그래서 저는 이 시간을 '1인 전략회의'라고 부릅니다.

'1인 전략회의' 해보기

1인 전략회의에는 어느 정도의 시간을 할애해야 하는지 궁금하겠죠.

결론부터 말하면 저는 제가 가진 시간의 1%를 투자해서 나머지 99%의 시간을 풍요롭게 만든다는 생각으로 임하고

'1인 전략회의'에 들이는 시간

1일	15분	
1주	1시간 30분	
1달	6시간	※기본, 이른 아침~낮까지
분기	약 2일간	※이른 아침~낮까지×2일
1년	약 5일간	※연말연시 휴가 중

있습니다. 가령 하루 단위라면, 하루 24시간의 1%=약 15분이 되므로 매일 15분 정도를 하루의 계획 수립과 돌아보는 시간으로 정합니다. 같은 방식으로, 한 주를 돌아보거나 계획을 세울 때는 약 1시간 30분을 할애합니다.

한 달에 6시간이라고 하면 너무 길다고 생각할 수도 있지만, 이 시간에 집중하는 내용은 '한 달 돌아보기'와 '다음 달 목표 설정'으로 끝나는 게 아닙니다. 매일 쌓여가는 메모들을 정리하거나 다 읽은 책의 독서 노트를 작성(3장 참조)하는 등 주변을 정리하는 시간이기도 합니다.

마찬가지로, 분기별로 하는 1인 전략회의라면 '최근 3개월 되돌아보기'와 '다음 3개월의 목표 설정'뿐만 아니라 비전의 재확인 및 연간 계획 수정, 수첩의 형식 재검토, 읽으려고 쌓아둔 책 읽기 등 정말 많은 일을 할 수 있습니다.

이처럼 1인 전략회의는 자신의 행동을 되돌아보고 앞으로의 행동 지침과 구체적인 계획을 세우는 것은 물론, 평소 바쁘다는 핑계로 미뤄두었던 중요한 일들을 처리할 수 있는 매우 중요한 시간입니다. 물론 반드시 1%만 투자할 필요는 없습니다. 다만, 정기적으로 어느 정도의 시간을 미리 정해서 집중할 수 있도록 스케줄을 정해두는 것이 좋습니다.

효과적인 '1인 전략회의' 방법

비교적 빈도가 높은 하루나 주간 단위의 1인 회의와는 달리 분기별, 연간 단위의 1인 회의는 새로운 전환점이 되는 시기이기 때문에 평소와는 다른 환경에서 진행하면 더욱 효과적입니다.

포인트는 두 가지입니다.

우선, 평소와는 조금 다른 환경에서 할 것. 예를 들면 마음에 드는 카페나 평소에는 갈 일이 없는 호텔 라운지 등이 이에 해당합니다. 저는 대부분 집 서재에서 1인 회의를 하지만, 분기마다 한 번씩은 과감히 호텔에 묵으면서 진행하기도 합니다. 평소와는 다른 환경에 놓이게 되면 새로운 영감을 얻기 쉬울 뿐 아니라, 새로운 기분으로 새로운 계획을 세울 수도 있습니다.

이것은 실제로 해보지 않고서는 알 수 없는 것이니 꼭 한번 시도해보시기 바랍니다.

두 번째, 다른 사람의 힘을 활용할 것.

바쁜 일상에서 잠시 벗어나 차분한 상태에서 1인 회의를 하는 것이 중요하다는 것을 알면서도 일상이 너무 바쁘기 때문에 그럴 수 없다는 핑계를 대기 쉽습니다. 1인 회의를 하는 것 자체가 그다지 시급하지 않고, 설령 빼먹더라도 누구에게 혼이 나거나 곤란을 겪을 일이 없기 때문입니다. 이럴 때는 누군가와 함께하는 것이 효과적입니다. 친구, 동료들과 카페나 패밀리 레스토랑에 모여서 함께 조용히 작업을 하는 것입니다.

이름도 1인 회의이니 작업 자체는 각자 하는 것이지만, '최근 3개월을 돌아보니 어땠어?', '다음 3개월은 어떻게 보낼 거야?'라고 질문을 던지며 내용을 공유하다 보면 혼자서는 미처 깨닫지 못했던 생각과 아이디어를 얻을 수 있습니다. 무엇보다 동료들과 만날 날을 정해서 하면 반강제적으로 실천할 수 있다는 장점이 있습니다. 혼자서 실천하기 어려운 사람은 이렇게 타인의 힘을 잘 활용하면 좋습니다.

제가 운영하는 'My 수첩 클럽'에서는 이 두 가지 포인트를 바탕으로 3개월에 한 번씩 다 같이 모여 1인 회의 워크숍을 진행합니다. 반강제적으로 작업에 몰두할 수 있을 뿐만 아니라 참가자들끼리 의견 교환이 가능하기 때문에 긍정적인 자극을 받는다는 호평을 받고 있습니다(매회 장소를 바꿔가며 진행하기 때문에 여행하는 기분으로 참가할 수 있다는 것도 장점입니다).

이처럼 동료들과 함께 1인 회의를 위한 궁리를 하다 보면 평소와는 다른 환경에서 다른 사람의 힘을 활용할 수 있기 때문에 적극 추천합니다.

매일 내가 되고 싶은 모습을 언어화한다

노트나 수첩에 확언을 쓰는 습관도 목표를 달성하는 데 도움이 됩니다. 확언(affirmation)이란 긍정적인 말로 자기 암시를 하는 것으로, 쉽게 말해 '내가 되고 싶은 모습이 되기 위한 긍정적인 선언'입니다. 예로부터 '언령(言靈 : 말에 담겨져 있는 힘)'이라는 말이 전해져 오듯이 사람이 내뱉는 말에는 특별한 힘이 깃들어 있습니다. 말의 힘을 빌려 원하는 자신에게 다가가려는 것이 바로 확언입니다.

확언은 코칭 기법으로도 자주 소개되는데, 자신의 잠재의식에 '나는 이렇다'라고 각인시키는 자기 암시가 큰 효과를 불러올 수 있기 때문입니다.

> "나는 즐거운 일을 하고 있습니다."
>
> "나는 내 목표에 점점 더 가까워지고 있습니다."
>
> "나는 사람들에게 호감을 주는 매력적인 존재입니다."
>
> "나는 무엇이든 그대로 받아들일 수 있습니다."
>
> "오늘은 최고의 하루가 될 것입니다."

이런 말들은 어디까지나 예시일 뿐, 자신에게 용기를 북돋아줄 수만 있다면 내용은 무엇이든 상관없습니다. 이런 긍정적인 말을 계속 반복하다 보면 어느새 '나는 이런 사람이다'라는 자아상이 만들어집니다.

실천 방법은 매우 간단합니다. 노트나 수첩에 쓰기만 하면 됩니다. 매일 실천하는 게 효과적이기 때문에 저는 매일 아침 스케줄을 확인할 때 그날의 페이지에 확언을 적습니다. 아예 '확언 노트'라는 이름의 전용 노트를 쓰는 사람도 있습니다.

어떻게 보면 말장난이라고 생각할 수도 있지만, 세계적으로 활약하는 운동선수나 기업가들도 실천하고 있을 정도로 그 효과는 대단합니다.

제 주변에도 매일 아침 확언을 쓰면서 '자존감이 높아졌다', '하루를 의욕적으로 시작할 수 있다'고 말하는 사람이 많습니다.

자신을 격려하는 방법으로서 꼭 한번 시도해보기 바랍니다.

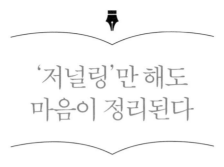

'저널링'만 해도
마음이 정리된다

머릿속에 떠오르는 것을 있는 그대로 쓰다 보면 자기 자신을 더 깊이 이해하게 됩니다. 스트레스는 줄어들고, 마음은 더 건강해지는 효과가 있습니다.

이를 '저널링'이라고 합니다.

저널링의 효과

머릿속에 떠오른 것을 종이에 써 내려가면 집중력이 높아지고 자신과 사물을 객관적으로 바라볼 수 있어 많은 깨달음과 발견을 얻게 됩니다.

또한 부정적인 감정이 증폭되는 것은 억제하고 긍정적인 감정은 샘솟습니다.

이런 효과 때문에 저널링은 '쓰는 명상'이라고도 불립니다. 최근에는 정신 건강과 마음챙김의 한 가지 방법으로 주목받으며 그 효과는 심리학, 사회학 등의 분야에서도 증명되고 있습니다.

왠지 마음이 어수선할 때, 할 일이 너무 많아 혼란스러울 때 종이에 쓰다 보면 머릿속이 정리되고 불안감은 사라집니다. 이런 경험을 해 본 사람은 적지 않을 것입니다.

저널링하는 법

지금까지의 설명으로는 왠지 어렵게 느껴질 수도 있겠지만 실제로는 그렇지 않습니다. 구체적으로는 다음 세 가지 단계로 진행하면 됩니다.

> Step1. 쓸 시간을 정한다(5분, 10분, 15분 등 자유롭게 설정).
>
> Step2. 주제를 정하고, Step1에서 정한 시간 동안 쓴다.
>
> Step3. 머리로 생각하지 말고 무조건 손을 움직인다(오타나 탈자는 신경 쓰지 않는다).

적당한 시간은 아침에 일어나서 또는 퇴근 후, 잠들기 전 등이 좋습니다. 매일 쓰는 것이 가장 이상적이지만, 일주일에 한 번이라도 괜찮습니다. 중간에 방해받지 않는 개인적인 공간에서 하는 것이 좋습니다.

포인트는 무조건 정해진 시간 중에는 사실과 감정을 있는 그대로 계속 쓰는 것입니다. 시간이 남았는데 더 이상 쓸 게 없을 때는 '아 어쩌지, 쓸 게 없다'고 씁니다. 그 정도로 생각한 것, 느낀 것을 그대로 숨김없이 전부 쓰면 됩니다.

저널링 주제의 예시

- 오늘을 멋진 하루로 만들기 위해서는?
- 비전에 더욱 가까워지기 위해서는?
- 오늘 나의 과제는?
- 지금 내 기분이 찜찜한 이유는 무엇일까?
- 지금 느끼고 있는 것, 생각하고 있는 것은?
- 최근에 짜증 났던 일은?
- 10년 후 어떤 사람이 되고 싶은가?

저널링에 추천하는 노트

저널링 노트가 정해져 있는 건 아니지만, 가능하면 꼭 종이의 색이나 질감 등을 자신의 취향에 맞는 것으로 선택했으면 합니다.

제가 추천하는 것은 공간 제약에 구애받지 않는 큰 사이즈의 노트입니다.

2장에서도 소개한 마루만의 므니모시네 노트(A3 사이즈)가 저널링에는 최적이라고 생각합니다.

종이와 펜만 있으면 바로 실천할 수 있다는 것이 저널링의 장점입니다. 그러니 오늘부터 꼭 실천해보세요.

나의 목표를 써보자

다음 질문에 대해 생각해보고 목표를 설정해봅시다.

Q1. 최근(또는 올해)의 연간 목표는 무엇인가요? 당신의 역할
별로 설정해보세요.

Q2. Q1을 달성하기 위한 앞으로 3개월 동안의 목표를 정해
보세요.

Q3. Q2를 달성하기 위한 이번 달 목표를 정해보세요.

Q4. Q3를 달성하기 위해 이번 주에 해야 할 구체적인 과제
를 적어보세요.

쓰는 습관만으로도
미래는 달라진다

돌이켜보면 제가 이렇게 쓰는 습관에 익숙해진 건 초등학교 시절부터였습니다.

학습 주제를 스스로 정하고, 그 주제에 대해 배운 내용을 노트에 정리해 선생님께 제출하는 숙제가 있었습니다.

한자 연습과 같은 일반적인 숙제와는 달리 강제성이 없는 숙제여서 노트를 제출하면 교실 뒤편에 게시된 표에 선생님이 스티커를 붙여주셨습니다.

그 당시 저는 공부는 싫어했지만 이 노트 숙제만큼은 예외였습니다.

어떤 내용을 노트에 정리했는지는 기억이 가물가물하지만, 역사 속 인물을 조사하거나 공룡에 대해 조사했던 기억이 납니다.

저는 매일매일 이 노트 정리 숙제에 몰두했습니다.

선생님이 "노트 정리를 잘하는구나"라고 칭찬해준 것도 아마 큰 힘이 되었던 것 같습니다. 제 이름에 붙은 스티커 개수는 단연 1등이었습니다.

쓰는 습관이 공부를 싫어하던 소년을 바꾸어놓은 것입니다.

이 책을 통해 제가 지금까지 쌓아온 쓰는 습관, 즉 메모의 기술에 대해 전부 다 말씀드렸습니다. 한 명의 사회인이자 경영자로서, 성과를 내기 위해 추구하고 실천한 과정 속에서 확립한 실용적인 기술입니다.

당신이 이 책의 도움을 받아 펜을 들고, 메모를 남기고, 쓰는 습관을 실천하여 더욱 풍요로운 삶을 살게 되기를 바랍니다.

다카다 히카루

다카다 히카루 高田 晃

사단법인 일본수첩매니지먼트 협회 대표
주식회사 라그랑주 포인트 대표

메모를 활용해 목표를 달성하는 자기실현 코칭 전문가. 20년 동안 메모를 통해 인생을 설계한 자신의 경험을 바탕으로 시간 관리, 커리어 관리, 습관 관리, 창업 등을 주제로 많은 사람을 코칭하고 있다. '수첩으로 인생을 디자인한다'는 표어를 내걸고 회원제 학습 커뮤니티 'My 수첩 클럽'을 인기리에 운영 중이며 기업 대상의 웹 컨설팅 회사 대표이기도 하다. 본인이 직접 컨설턴트로 활동하며 상공회의소 등 각종 단체에서 연간 100회 이상 강연하고 있다. 오테마에 대학 통신교육부 강사로도 활동 중이며 유튜브 채널 '수첩의 강화서'(@tecyolife)도 운영하고 있다. 저서로는 『수첩으로 꿈을 이루는 모든 기술(手帳で夢をかなえる全技術)』, 『꿈을 이루는 라이프 디자인 수첩(夢をかなえるライフデザイン手帳)』(이상 아스카 출판사) 등이 있다.

저자는 '아이디어'란 우리가 흔히 생각하듯 '아무도 생각하지 못한 기발한 발상'이 아니라 '자신이 생각하고 느낀 것'의 총합이라고 말한다. 그러므로 뭔가를 느끼거나 깨달을 때마다 메모를 남긴다면 그 자료가 쌓여 서로 스파크를 일으키면서 정말 좋은 아이디어가 탄생한다는 것이다.

이 책은 "그럼 그냥 그때그때 메모만 하면 되나요?" "어떻게 메모를 해야 삶을 바꿀 수 있죠?"라는 질문에 대한 답이다. 저자는 단지 뭔가를 잊지 않기 위한 메모법에서 더 나아가 사고력과 창의력, 기획력과 행동력을 높여주는 메모법에 대해 역설하고 있다. 아무리 좋은 책을 많이 읽어도 그때뿐 삶에 적용하기 어려웠다면 저자가 말하는 메모법으로 변화를 일으켜보자.

작가의 한마디 :

아이디어 발상은 술을 제조하는 과정과 비슷하다.
알코올을 발효시키듯 아이디어 조각들을 숙성시키는 과정에서 별거 아닌 생각이 진짜 쓸모 있는 아이디어로 변신한다.

이주희

한국외대 일본어과를 졸업한 후 해외의 좋은 책들을 국내에 소개하는 저작권 에이전트로 오랫동안 일했다. 옮긴 책으로는 『쓰지 않으면 아이디어는 사라진다』, 『늙지 않는 뇌의 비밀』, 『말로 표현하면 모든 슬픔이 사라질 거야』, 『자존감이 쌓이는 말, 100일의 기적』, 『집에서 혼자 죽기를 권하다』, 『무조건 팔리는 카피 단어장』, 『아이디어를 현실로 만드는 기획력』, 『매력은 습관이다』 등이 있다.

최상의 아이디어를 끌어내는 메모 발상법

쓰지 않으면 아이디어는 사라진다

1판 1쇄 인쇄 | 2024년 7월 8일
1판 1쇄 발행 | 2024년 7월 12일

만든 사람들
지은이 | 다카다 히카루
옮긴이 | 이주희
기획·편집 | 박지호   마케팅 | 김재욱
디자인 | design PIN

ISBN 979-11-984764-7-0 03190
값 16,800원

펴낸이 | 김재욱, 박지호
펴낸곳 | 포텐업
출판등록 | 제2022-000323호
주소 | 서울시 마포구 월드컵로7안길 20 302호(04022)
전화 | 070-4222-1212 팩스 | 02-6442-7903

이메일 | for10up@naver.com
인스타그램 | @for10up
블로그 | https://blog.naver.com/potenup_books
포스트 | https://post.naver.com/potenup_books